Um presente para:

____

De:

____

Max Lucado

Bênção Diária 2

Pensamentos inspiradores para cada dia do ano

Thomas Nelson
Brasil®

Rio de Janeiro, 2014

Título original
Grace for the Moment, vol. 2

As citações bíblicas foram extraídas da *Nova Versão Internacional* (NVI), da Biblica, Inc.

Publisher	*Omar de Souza*
Editores	*Aldo Menezes e Samuel Coto*
Projeto gráfico de capa	*Douglas Lucas*
Adaptação da capa	*Julio Moreira*
Tradução	*Judson Canto*
Preparação de texto	*Nilda Nunes*
Diagramação	*Assisnet Design Gráfico Ltda.*
Projeto Gráfico	*Bruno Cruz*

Este livro foi composto em Filosofia 10 e impresso pela Edigráfica sobre papel Offset 63g/m² para a Thomas Nelson Brasil em 2014.

CIP-BRASIL. CATALOGAÇÃO NA PUBLICAÇÃO
SINDICATO NACIONAL DOS EDITORES DE LIVROS, RJ

931b Lucado, Max
Bênção diária 2 / Max Lucado; [Tradução de] Judson Canto. – Rio de Janeiro : Thomas Nelson Brasil, 2014.

(Benção diária, v. 2)
Título original: Grace for the moment, vol. 2
ISBN: 978-85-7860-552-0

1. Oração – Cristianismo. 2. Vida Cristã. I. Canto, Judson. II. Título.

CDD 242
CDU 2-48

Thomas Nelson Brasil é uma marca licenciada à Vida Melhor Editora S.A.

Rua Nova Jerusalém, 345 – Bonsucesso
Rio de Janeiro – RJ – CEP 21402-325
Tel.: (21) 3882-8200 – Fax: (21) 3882-8212 / 3882-8313
www.thomasnelson.com.br

Uma mensagem para meus amigos no Brasil

A vida nos proporciona uma miscelânea de dias. Dias alegres que não queremos que acabem. Dias nebulosos que parecem não ter fim. Dias de reflexão. Dias de decepção. Dias de insensatez e mesmo de loucura. Como as estações, os nosso dias oscilam entre bons e ruins ou estão num meio-termo.

A maneira como encaramos cada dia — bom ou ruim, desafiador ou benéfico — depende do que está em nossa mente e em nosso coração. Assim, posso sugerir que você comece cada dia lembrando uma das promessas de Deus? O que poderia ser melhor alimento para o espírito do que relembrar as formas de Deus proteger os seus filhos dia após dia? Eu gostaria de começar o dia lembrando...

- as promessas de Deus aos seus filhos no deserto;
- as maravilhosas promessas que fez a Abraão;
- as garantias do Pai a Josué e seus soldados;
- a extraordinária promessa que é Jesus.

Deus nos promete paz, conforto, segurança, restauração, perdão e salvação.

Não importa como venha a ser o seu dia, ele pode começar com a gratidão proveniente do conhecimento de que Deus ama você o bastante para cumprir cada promessa que lhe fez.

Max Lucado

Os dons de Deus...

Já se perguntou por que Deus nos dá tanta coisa? Poderíamos subsistir com muito menos. Ele poderia ter criado um mundo plano e cinzento, e jamais saberíamos a diferença, em relação ao que vemos hoje. Ele, porém, não fez o mundo assim.

Ele inseriu a cor laranja no nascer do sol e pintou o céu de azul.

E, se você gosta de observar os gansos reunidos em bando, por certo se deleita em admirar a riqueza de detalhes do mundo animal.

Tinha ele a obrigação de fazer a cauda do esquilo tão peluda?

Tinha ele de capacitar os pássaros a cantar?

E que dizer da corridinha engraçada das galinhas ou do som majestoso dos trovões?

Por que perfumar as flores?

Por que dar sabor aos alimentos?

Teria ele feito tudo isso apenas para ver a nossa expressão admirada?

Se damos presentes com o propósito de demonstrar o nosso amor, quanto mais Deus! Se nós, manchados pelas fraquezas e pela ganância, gostamos de dar presentes, quanto mais Deus, que é puro e perfeito, terá prazer em nos presentear!

He Chose the Nails (Ele escolheu os cravos)

Agradecimentos

Sou muito agradecido aos seguintes editores, por permitirem a reimpressão deste material, que possui direitos autorais (todos os direitos pertencem ao autor):

Lucado, Max. *A Love Worth Giving.* Nashville: W Publishing Group, 2002.

____. *And the Angels Were Silent.* Nashville: W Publishing Group, 2003.

____. *Come Thirsty.* Nashville: W Publishing Group, 2004.

____. *Cure for the Common Life.* Nashville: W Publishing Group, 2005.

____. *God Came Near.* Nashville: W Publishing Group, 2003.

____. *He Chose the Nails.* Nasbville: W Publishing Group, 2000.

____. *Next Door Savior.* Nashville: W Publishing Group, 2003.

____. *No Wonder They Call Him th e Savior.* Nashville: W Publishing Group, 2003.

____. *Six Hours One Friday.* Nashville: W Publishing Group, 2003.

____. (General editor). *The Inspirational Study Bible.* Nashville: W Publishing Group, 1995.

____. *Traveling Light.* Nashville: W Publishing Group, 2000.

Janeiro

Escolhi o caminho da fidelidade.

Salmos 119:30

Sua vida tem um propósito

A todos esses deu capacidade.
Êxodo 35:35

Você já nasceu com um propósito. Deus analisou toda a sua vida, definiu qual seria a sua tarefa e lhe concedeu as ferramentas necessárias para executar esse trabalho.

Antes de fazer uma viagem, você toma algumas providências. Considera as suas necessidades e prepara as malas de acordo com o que irá precisar. Vai fazer frio? Leva um agasalho. Encontro de negócios? Leva um *laptop*. Passará algum tempo com os netos? É melhor levar um par de tênis e uma cartela de analgésicos.

Deus fez o mesmo com você. *Se Joe vai pesquisar animais, ele o agracia com a curiosidade. Se Meagan vai dirigir uma escola, uma dose extra de gerência. Se precisar de Eric para confortar os doentes, inclui uma dose saudável de compaixão. Denalyn vai casar com Max, então dá a ela porção dobrada de paciência.*

Deus designou você com um propósito para um propósito.

Como Deus acondicionou a sua vida? Cite algumas ferramentas com que ele equipou você e diga como você poderá usá-las para o propósito dele.

O SENHOR ESTÁ COMIGO

Mesmo quando eu andar por um vale de trevas e morte, não temerei perigo algum, pois tu estás comigo; a tua vara e o teu cajado me protegem.
SALMOS 23:4

"Tu estás comigo."

Sim, tu, Senhor, estás no céu. Sim, governas o Universo. Sim, te assentas nas estrelas e constróis o teu lar nas profundezas do Universo. Mas sim, sim, sim, tu estás comigo.

O Senhor está comigo. O Criador está comigo. Deus está comigo.

Moisés pergunta: "Que grande nação tem um Deus tão próximo como o SENHOR, o nosso Deus, sempre que o invocamos?" (Deuteronômio 4:7).

Paulo declara que Deus não está longe de nós (Atos 17:27).

E Davi constata: "Tu estás comigo."

Em algum lugar do campo, do deserto ou do palácio, Davi descobriu que Deus era uma Pessoa que devia ser levada a sério, e assim decidiu: "Não o deixarei" (Gênesis 28:15).

Deus está sempre com você. Como essa verdade pode trazer mudanças positivas para a sua vida?

Coberto de amor

[Ele] o coroa de bondade e compaixão.
Salmos 103:4

É hora de deixar o amor de Deus cobrir todas as áreas de sua vida. Todos os segredos. Todas as mágoas. Todas as horas de adversidades e cada minuto de aflição.

As manhãs em que você acordou na cama de um estranho? Seu amor cobrirá isso. Os anos em que era guiado por preconceitos e orgulho? Seu amor cobrirá isso. Cada promessa que quebrou, cada droga que usou, cada moeda que roubou. Cada palavra desagradável, cada maldição proferida, cada frase grosseira. Seu amor cobrirá tudo isso.

Permita-lhe fazer isso. Descubra com o salmista: "[Ele] o coroa de bondade e compaixão." Imagine um caminhão gigantesco carregado de amor, e você atrás dele. Deus levanta o basculante até o amor começar a se derramar. Devagar no início, e depois caindo, caindo, caindo até você ficar escondido, soterrado, coberto com o seu amor.

— Hei, onde você está? — alguém pergunta.

— Aqui, coberto de amor.

Deus cobriu a sua vida com misericórdia e amor. Que mágoas e aflições você precisa que sejam sepultadas debaixo desse amor?

O Autor da vida

O jovem sentou-se e começou a conversar,
e Jesus o entregou à sua mãe.
Lucas 7:15

Não foram os pranteadores que o fizeram interromper a sua caminhada. Nem a grande multidão, nem mesmo o defunto deitado sobre a maca. Foi a mulher — a expressão no rosto e o avermelhado dos olhos dela. Ele percebeu imediatamente o que estava acontecendo. Era o filho dela que estava sendo levado, o seu único filho. E se existe alguém que conhece a dor de perder o único filho, esse alguém é Deus.

Então, ele começou a agir. "Não chore", disse à mãe. "Levante-se", ordenou ao jovem. O morto falou, o Diabo fugiu e o povo se lembrou desta verdade: para quem conhece o Autor da vida, a morte nada mais é que um blefe de Satanás.

De que forma o Autor da vida já trouxe cura e esperança para a sua vida? Que diferença isso fez para você?

Deus valoriza o trabalho

O que as suas mãos tiverem que fazer, que o façam com toda a sua força.
Eclesiastes 9:10

O calendário do céu tem sete domingos por semana, e Deus santifica todos eles. Ele executa obras santas a toda hora e em todos os lugares. Ele torna comum o incomum: transforma a pia da cozinha em santuário, as lanchonetes e cafés em retiros e os dias úteis em aventuras espirituais.

Dias úteis? Sim, dias úteis. Ele ordenou que o seu trabalho fosse uma coisa boa. Antes de dar a Adão uma esposa e um filho, e mesmo antes de lhe dar roupas, Deus deu a ele um trabalho. "O Senhor Deus colocou o homem no jardim do Éden para cuidar dele e cultivá-lo" (Gênesis 2:15). A inocência, não a preguiça, caracterizava a primeira família...

Deus faz uma convocação unilateral a todos os que são fisicamente capazes de cultivar o jardim que ele lhes deu. Deus valoriza o trabalho. Portanto, honre a Deus com o seu trabalho.

Deus instituiu o trabalho como uma coisa boa. Cite algumas maneiras pelas quais você poderá honrar a Deus no seu trabalho ou no cumprimento das tarefas diárias.

Momentos milagrosos

Em Cristo habita corporalmente toda a plenitude da divindade.
COLOSSENSES 2:9

Jesus não era um deus com aparência de homem, nem homem com aparência de um deus. Ele era o Deus-homem.

O parto foi feito por um carpinteiro.

O primeiro banho foi dado por uma camponesa.

O Criador do mundo tinha umbigo.

O autor da *Torá* aprendeu a *Torá*.

Um ser humano e celestial. E, por ser assim, colocamos a mão na cabeça, piscamos duas vezes e em momentos como esses pensamos: "O que há de errado nesse cenário?"

Um aleijado patrocina a festa da cidade.

Um único lanche satisfaz 5 mil estômagos.

O que fazer em momentos assim?

O que fazer com esse tipo de pessoa? Aplaudimos os humanos que fazem coisas boas. Exaltamos a Deus por fazer coisas grandiosas. Mas, e quando um homem realiza algo divino?

Uma coisa é certa: não há como ignorá-lo.

Que coisas grandiosas e divinas você tem visto acontecer em sua vida ou na vida de alguém? Como você reage a esses momentos milagrosos?

Precisamos de um Deus grande

Eu sou o Senhor.
Êxodo 6:2

Os israelitas consideravam o nome Javé sagrado demais para ser pronunciado por lábios humanos. Toda vez que precisavam pronunciá-lo eles o substituíam por *Adonai*, que significa "Senhor". Quando o nome precisava ser escrito, os escribas tomavam banho antes de escrevê-lo e depois destruíam a pena que haviam utilizado.

O nome "Eu Sou" assemelha-se bastante ao verbo hebraico "ser" — *havah*. É bem possível que se trate de uma combinação do tempo presente ("eu sou") com a forma causal ("eu faço ser"). *Javé*, portanto, parece significar "eu sou" e "eu faço ser". Deus é "aquele que é" e "aquele que faz ser".

Por que isso é importante? Porque precisamos de um Deus grande. E, se ele é "aquele que é", então ele é o Deus imutável.

Temos um grande Deus, e ele é um Deus imutável. Diga como você tem experimentado pessoalmente a grandeza de Deus.

Um jugo de bondade

Tomem sobre vocês o meu jugo e aprendam de mim, pois sou manso e humilde de coração, e vocês encontrarão descanso para as suas almas.

Mateus 11:29

Os agricultores do antigo Israel, para treinar um boi novo, atrelavam-no a um animal mais experiente num jugo de madeira. Eles amarravam com firmeza as correias que o prendiam ao boi mais velho, pois este é que iria carregar todo o peso, enquanto o jugo em torno do animal jovem era frouxo. O boi novo caminhava ao lado do animal experiente, porém o peso sobre aquele era leve. Nesse versículo, Jesus está dizendo: "Eu caminho ao seu lado. Estamos ligados um ao outro. Mas sou eu quem leva a carga e suporta todo o peso."

Fico imaginando quantos fardos Jesus carrega em nosso lugar, e nem sabemos! Temos conhecimento de alguns deles. Ele carrega os nossos pecados. Carrega a nossa vergonha. Carrega a nossa dívida eterna. Mas não existiriam outros? Não teria ele nos livrado de certos medos antes que os sentíssemos? Não teria ele carregado as nossas perplexidades a fim de nos livrar delas? E aqueles momentos em que nos surpreendemos com a sensação de paz? Não teria Jesus transferido as nossas ansiedades para os seus ombros e posto um jugo de bondade sobre os nossos?

Jesus quer assumir os seus fardos. Que peso você gostaria de colocar sobre os ombros dele?

Nosso Cristo misericordioso

Pai, perdoa-lhes, pois não sabem o que estão fazendo.
LUCAS 23:34

Já tentou entender como Jesus conseguiu se conter para não se vingar da multidão que o matou? Já se perguntou como ele conseguiu manter o controle? A reposta está aí. Trata-se de uma confirmação: "Não sabem o que estão fazendo." Preste atenção. É como se Jesus considerasse a multidão sedenta de sangue e de morte não um bando de assassinos, mas um grupo de vítimas. É como se visse na expressão deles não o ódio, mas a confusão. É como se os considerasse não um bando de agressores, e sim, como ele mesmo disse, "ovelhas sem pastor".

"[Eles] não sabem o que estão fazendo."

E, pensando bem, não sabiam mesmo. Não tinham a menor ideia do que faziam. Eram uma turba enlouquecida e furiosa contra algo que não conseguiam entender, por isso tinham de encontrar alguém, dentre todas as pessoas, em quem pudessem descontar a sua fúria. E escolheram a Deus. Contudo, não sabiam o que estavam fazendo.

Pense em alguém que esteja machucando você.
De que forma o exemplo de Cristo poderá ajudá-lo a retribuir com graça a essa pessoa?

Pensando em seu novo lar

Deus nos escolheu nele antes da criação do mundo.

Efésios 1:4

Procure por Carinette entre os rostos do orfanato de Cap-Haitien. A menina de nariz comprido e cabeleira armada com algumas fotos na mão. As fotos mostram a sua futura família. Ela foi adotada.

Seus pais adotivos são meus amigos. Eles levaram para ela os retratos, um ursinho de pelúcia, barras de cereais e doces. Carinette distribuiu as guloseimas e pediu ao diretor que guardasse o ursinho, porém manteve as fotos consigo. Elas vislumbravam o seu futuro lar. Em um mês, dois no máximo, ela estaria com eles. Ela sabia que esse momento estava chegando. Qualquer dia, seu pai iria aparecer. Ele já estivera ali, quando a escolheu. Agora viria outra vez, a fim de levá-la para casa. Enquanto esse dia não chegava, ela vivia pensando em seu novo lar.

E não acontece o mesmo conosco? Nosso Pai também já veio nos visitar. Você não foi escolhido? Adotado? Deus esteve à sua procura. Antes de você saber que seria adotado, ele já havia preenchido os formulários e escolhido o papel de parede do seu quarto.

Deus veio à sua procura e adotou você.
Diga como isso fez você se sentir?

A DÁDIVA DA ESCOLHA

Escolhi o caminho da fidelidade; decidi
seguir as tuas ordenanças.
SALMOS 119:30

Podemos escolher:

Uma porta estreita ou uma porta larga (Mateus 7:13-14)

Um caminho apertado ou um caminho espaçoso (Mateus 7:13-14)

Uma grande multidão ou um grupo pequeno (Mateus 7:13-14)

Podemos escolher:

Construir sobre a rocha ou sobre a areia (Mateus 7:24-27)

Servir a Deus ou às riquezas (Mateus 6:24)

Estar entre as ovelhas ou entre os cabritos (Mateus 25:32,33)

Deus nos oferece escolhas eternas, as quais têm consequências também eternas.

Uma das maiores dádivas de Deus? A dádiva da escolha.

Cite algumas escolhas importantes que você
fez e as consequências dessas escolhas.

PEDIR E CRER

E tudo o que pedirem em oração, se crerem, vocês receberão.
MATEUS 21:22

"Tudo o que pedirem em oração, se crerem, vocês receberão."

Não reduza essa maravilhosa declaração à categoria dos carros novos ou da conta bancária. Não limite a promessa dessa passagem a um arranjo egoísta de privilégios e favores. Os benefícios garantidos por Deus superam em muito as riquezas terrenas. Os sonhos dele excedem as promoções e tudo que possa ser oferecido.

Deus quer ver você voar. Ele quer que você se liberte da culpa do passado. Ele quer vê-lo derrotar os temores do presente. Ele quer que você não sofra as incertezas do amanhã. Pecado, medo e morte. São essas as montanhas que ele removeu. São essas as orações que ele irá responder. São esses os benefícios que ele concederá. E é isso que há muito tempo ele deseja fazer.

Os sonhos de Deus para a sua vida são mais grandiosos que quaisquer promoções e oferecimentos. De que coisas Deus quer que você se liberte?

Ele vive em você

Para isso eu me esforço, lutando conforme a sua força, que atua poderosamente em mim.
Colossenses 1:29

Deus estava *com* Adão e Eva e caminhava com eles no frescor da tarde.

Deus estava *com* Abraão e até chamou o patriarca de amigo.

Deus estava *com* Moisés e com os filhos de Israel. E estava com os apóstolos. Pedro podia tocar a barba de Deus. João podia observar Deus dormindo. As multidões podiam ouvir a sua voz. Deus estava *com* eles!

Mas Deus está *em* você. Ele fará aquilo que você não pode fazer. Imagine que alguém depositou um milhão de dólares em sua conta corrente. Para quem observa de fora, você não parece ter mudado, exceto pelo sorriso meio estranho, não é? Não é só isso! Com Deus, você tem um milhão de recursos, que antes não possuía.

Não consegue pôr fim à aflição? Cristo pode fazer isso. E ele vive dentro de você.

Não consegue perdoar as ofensas, esquecer o passado ou abandonar os maus hábitos? Cristo pode fazer isso. E ele vive em você.

Que recursos você tem com Deus em sua vida?

Milagres divinos

Todas as coisas foram feitas por intermédio dele;
sem ele, nada do que existe teria sido feito.
João 1:3

De onde estou escrevendo, contemplo vários milagres.

Ondas cobertas de espuma desmancham-se na praia com regularidade rítmica. Vagas de água salgada, uma depois da outra, ganham força, se contorcem e se elevam antes de morrer na areia. Quantos bilhões de vezes esse mistério tão simples já se repetiu desde o início dos tempos!

Ao longe, avisto o milagre das cores — as variações do azul. O azul do oceano Atlântico encontra-se com o azul pálido do céu, separados apenas pelo horizonte.

Milagres, milagres divinos.

São milagres porque são mistérios. Explicados cientificamente? Sim. Reproduzíveis? Até certo ponto.

Ainda assim, são milagres. Fenômenos que estão além de nossa compreensão e encontram as suas origens em outro reino. Em cada minúscula porção, mostram-se tão divinos quanto a divisão do mar ao meio, os aleijados que andam e as sepulturas vazias.

O que lhe vem à mente quando pensa nos milagres divinos? Na criação? Em sua vida?

Descubra as suas aptidões

Cada um examine os próprios atos, e então poderá orgulhar-se de si mesmo, sem se comparar com ninguém.

Gálatas 6:4

Deus não produz pessoas pré-fabricadas ou em massa. E nada é feito às pressas. "Estou fazendo novas todas as coisas!" (Apocalipse 21:5). Ele não passou a você a bolsa de seu avô ou a vida de sua tia. De forma intencionalmente personalizada, ele construiu você.

Existe uma coisa que você faz de um jeito que nenhuma outra pessoa pode fazer. Explorar e extrair de si essa sua singularidade é um incentivo para você, além de honrar a Deus e expandir o seu Reino. Portanto, "examine os próprios atos, e então poderá orgulhar-se de si mesmo, sem se comparar com ninguém".

Descubra e desenvolva as suas aptidões. Você põe um sorriso na face de Deus quando faz o máximo do que sabe fazer melhor. E o que pode ser melhor que isso?

Existe uma coisa que você faz e mais ninguém pode fazer. Cite algumas coisas que tornam você único.

A ÁGUA DA VIDA ETERNA

Quem beber da água que eu lhe der nunca mais terá sede. Ao contrário, a água que eu lhe der se tornará nele uma fonte de água a jorrar para a vida eterna.

JOÃO 4:14

Lembra-se do que Jesus disse à mulher samaritana: "A água que eu lhe der se tornará nele uma fonte de água a jorrar para a vida eterna"? Jesus está oferecendo não um simples gole de água, mas um poço artesiano perene! E esse poço não é um buraco no seu quintal, e sim o Espírito Santo de Deus em seu coração.

Jesus está falando do Espírito Santo quando declara: "Quem crer em mim, como diz a Escritura, do seu interior fluirão rios de água viva." Até aí o Espírito não fora concedido porque Jesus ainda não havia ressuscitado e ido para a glória. Mais tarde, porém, os que creram em Jesus receberam o Espírito (João 7:38-39).

Nesse versículo, a água representa o Espírito de Jesus agindo em nós. Entenda: ele não age agora para nos salvar, porque esse trabalho já foi concluído. Ele está agindo para nos transformar.

O Espírito de Jesus está agindo para mudar você. Que mudanças ele já operou em sua vida?

UMA VIDA LIVRE DE PREOCUPAÇÕES

Não estejais inquietos por coisa alguma, antes, as vossas petições sejam em tudo conhecidas diante de Deus.
FILIPENSES 4:6 (ARC)

Olhe à sua volta. Você tem *motivos* para se preocupar. O sol brilha, mas os seus raios provocam câncer. O vento sopra fungos que congestionam os pulmões. A batata frita contém muitos carboidratos. Os vegetais carregam toxinas. E por que tinham de chamar os aeroportos de terminais?

Alguns de nós têm pós-graduação na Universidade da Angústia. À noite, vão dormir preocupados por não saber se irão acordar e acordam preocupados por não terem dormido. Afligem-se ao pensar que um dia alguém descobrirá que alface engorda. A mãe de uma adolescente lamenta: "Minha filha não me conta nada. Estou uma pilha de nervos." Outra mãe responde: "Minha filha me conta tudo. Estou uma pilha de nervos." Você não gostaria de parar de se preocupar? De usar uma blindagem contra as agruras da vida?

Deus oferece exatamente isso: a possibilidade de uma vida livre de preocupações. Não menos preocupações, mas nenhuma preocupação.

Deus oferece a possibilidade de uma vida livre de preocupações. O que mudaria em sua vida se você realmente se livrasse de todas as preocupações?

Precisamos de um Salvador

Cristo foi oferecido em sacrifício uma única vez, para tirar os pecados de muitos.

Hebreus 9:28

Você não pode perdoar os meus pecados, nem eu posso perdoar os seus. Duas crianças que brincam numa poça de lama não podem limpar uma a outra. Elas precisam de alguém que esteja limpo. Alguém imaculado. Nós também precisamos de alguém assim.

É por isso que precisamos de um Salvador.

Tentar chegar ao céu pela nossa bondade é o mesmo que tentar ir à Lua cainhando sobre um raio de luar. A ideia é linda, mas tente fazer isso, para ver o que acontece!

Ouça: pare de tentar *apagar* a sua culpa. Você não vai conseguir. Não há como. Nem sendo frequentador assíduo da escola dominical. Sinto muito. Não importa quão mau você seja. E você não pode ser tão mau a ponto de esquecer isso. Também não importa se você é bom. Você não pode ser tão bom a ponto de salvar a si mesmo.

Você precisa de um Salvador.

Você já fez algum esforço para obter a salvação? Por que é impossível salvarmos a nós mesmos?

A cura do egoísmo

Completem a minha alegria, tendo o mesmo modo de pensar, o mesmo amor, um só espírito e uma só atitude.
Filipenses 2:2

Qual a cura para o egoísmo?

Afastar-se dos próprios olhos. Tirar os olhos de si mesmo. Pare de olhar para essa pequena pessoa e eleve os olhos para o seu grande Salvador.

Um amigo meu, ministro episcopal, explica o motivo de encerrar as suas orações com o sinal da cruz: "Tocar a minha testa e o meu peito faz o sinal de um 'I' maiúsculo ["eu", em inglês]. O gesto de tocar primeiro um ombro e depois o outro corta o 'eu' ao meio."

Não é essa a obra da cruz? Um pequeno "I" ("eu") e um grande Cristo? Não fique preso a si mesmo, faça convergir para Cristo tudo que você tem. Concentre-se na comunhão do Espírito, na afeição e na compaixão do céu.

Existe algo que você poderia fazer para tirar os olhos de si mesmo e olhar para o Salvador? Como isso irá melhorar a sua vida?

Um passo de cada vez

A tua palavra é lâmpada que ilumina os meus passos e luz que clareia o meu caminho.

Salmos 119:105

Arthur Hays Sulzberger foi editor do New York Times durante a Segunda Guerra Mundial. Pelo fato de o conflito abranger todo o mundo, ele quase não conseguia dormir. Não conseguia eliminar da mente as preocupações, até o dia em que adotou como lema a frase: "Um passo é suficiente para mim", que extraiu do hino *Brilha, meiga luz*.

Deus também não deixará você ocupado com cenários remotos. Por isso, você pode muito bem ignorá-los. Ele promete uma lâmpada para os seus pés, não uma bola de cristal para ver o futuro. Não precisamos saber o que acontecerá amanhã.

Deus está guiando você. Que os problemas do amanhã esperem até amanhã.

A maioria das pessoas tende a se preocupar com os problemas do amanhã. Que efeito negativo isso pode ter em sua vida?

Deus nunca desiste

O Senhor é justo, e ama a justiça.
Salmos 11:7

Deus nunca desiste.

José foi lançado numa cisterna pelos próprios irmãos. Mas Deus não desistiu.

Moisés disse: "Ah, Senhor! Peço-te que envies outra pessoa." Mas Deus não desistiu.

Os israelitas libertados preferiam a escravidão do Egito ao leite e ao mel. Mas Deus não desistiu.

Pedro adorou a Jesus na ceia, mas o negou na provação. Mas Jesus não desistiu.

Mãos humanas prenderam com pregos as mãos divinas na cruz, mas não foram os soldados que seguraram as mãos de Jesus para facilitar o trabalho. Foi Deus quem fez isso. Deus desistiria de seu único Filho antes de desistir de você.

Deus nunca desiste. Explique quão boa é essa notícia para você e para as pessoas de sua convivência.

LOUVANDO SEM PARAR

Cantem para ele e louvem-no; relatem todas as suas maravilhas.
SALMOS 105:2

Deus nunca tira os olhos de você. Nem por um milésimo de segundo. Ele está sempre perto. Vive para ouvir as batidas de seu coração. Ele tem prazer em ouvir as suas orações. Ele morreu pelos seus pecados, em vez de deixar você morrer por causa deles.

O que você faria por um Salvador assim? Não iria cantar para ele? Não iria declarar, confessar e proclamar o nome dele? Não iria dobrar os joelhos, baixar a cabeça, trabalhar, alimentar os pobres e adorá-lo com os seus dons? Claro que sim.

Adorar a Deus. Proclamar o seu nome em voz alta o tempo todo. Você precisa disso, para o seu bem.

E, pelo amor de Deus, ele merece isso.

Cite algumas razões que você tem para louvar a Deus em voz alta o tempo todo.

O AMOR ACEITA TUDO

O amor [...] Tudo sofre, tudo crê, tudo espera, tudo suporta.
1CORÍNTIOS 13:4,7

Não seria bom se o amor fosse como fila da lanchonete? Que tal se você pudesse olhar para a pessoa com quem vive e escolher o que gosta e rejeitar o que não gosta? Que tal se os pais pudessem fazer a mesma coisa com os filhos? "Vou aceitar a combinação de boas notas e belos sorrisos e rejeitar a crise de identidade da adolescência e as mensalidades escolares."

E se os filhos pudessem fazer o mesmo com os pais? "Por favor, dê-me liberdade, sustento e uma boa moradia gratuita, mas sem regras ou horário para chegar em casa, obrigado."

E um cônjuge com o outro? "Hum... que tal uma tigela de saúde e de bom humor? Mas mudança de emprego, parentes e lavanderia não fazem parte do meu esquema."

Então, não seria maravilhoso se o amor fosse como fila de lanchonete? Tudo seria mais fácil. Tudo seria mais agradável. Tudo seria tranquilo e indolor. Mas sabe de uma coisa? Não seria amor. O amor não aceita apenas algumas coisas. O amor se dispõe a aceitar tudo.

O amor aceita tudo. Você tem alguma dificuldade com isso? Por quê?

Nosso trabalho é o trabalho de Deus

Jesus entrou num dos barcos, o que pertencia a Simão, e pediu-lhe que o afastasse um pouco da praia.

Lucas 5:3

Jesus tomou emprestado o barco de Pedro. Cristo não fez uma requisição formal. Não preencheu um formulário nem pediu permissão: simplesmente entrou no barco e começou a pregar.

Ele pode fazer isso, você sabe. Todos os barcos pertencem a Cristo. O barco dele é onde você passa o dia, ganha o seu sustento e, num patamar mais elevado, vive a sua vida. O táxi que você dirige, a clínica odontológica que administra, a família que alimenta e transporta — esse é o seu barco. Cristo bate à nossas costas e nos lembra:

"Você dirige o meu caminhão."

"Você trabalha no meu escritório."

"Você dá plantão no meu hospital."

A todos nós, ele diz: "Seu trabalho é o meu trabalho."

Seu barco pertence a Cristo. Existe alguma coisa em sua vida que não seja inteiramente dele?

Amor aos necessitados

Tive fome, e vocês me deram de comer; tive sede, e vocês me deram de beber; fui estrangeiro, e vocês me acolheram.
Mateus 25:35

Qual a marca registrada dos escolhidos? Sua sabedoria? Sua disposição para ir a terras distantes? Sua capacidade de reunir um auditório e pregar? Sua pena afiada e seus livros repletos de esperança? Seus milagres impressionantes? Não.

A marca dos escolhidos é o seu amor aos necessitados.

Serão postos à direita de Deus os que dão comida a quem tem fome e água a quem tem sede, os que fazem companhia aos solitários, vestem os desnudos, consolam os doentes e se aproximam dos prisioneiros.

Você percebe a simplicidade dessas ações? Jesus não disse: "Eu estava doente, e você me curou. Estava na prisão, e você me libertou. Estava sozinho, e você construiu um asilo para mim."

Ele não disse: "Eu estava ansioso, e você me deu aconselhamento espiritual."

Sem toque de trombetas. Sem publicidade. Sem cobertura da mídia. Apenas pessoas boas fazendo coisas boas.

O que significa "amor aos necessitados"?

Ambição cega

Antes da sua queda o coração do homem se envaidece, mas a humildade antecede a honra.

Provérbios 18:12

Ambição cega. Sucesso a todo custo. Tornar-se uma lenda viva. Subir a trilha até o topo. Ser o rei da montanha. O melhor entre os melhores. "Eu fiz o meu caminho."

Transformamos em heróis pessoas ambiciosas. Fazemos delas exemplos para os nossos filhos e estampamos o retrato delas na capa de nossas revistas.

E está certo. Este mundo estaria em apuros sem as pessoas que sonham em tocar as nuvens. Ambição é aquela coceira na alma que se impacienta com a mediocridade e acrescenta ousadia aos sonhos.

Contudo, a ambição sem limites se torna um vício insaciável em poder e prestígio, uma fome incontrolável de conquista que vai devorando as pessoas pelo caminho como o leão devora os animais e deixando atrás de si apenas o esqueleto dos relacionamentos.

Deus não irá tolerar isso. A ambição cega é um passo gigantesco para longe de Deus e para perto da catástrofe.

Por que a ambição cega é um passo gigantesco para longe de Deus?

OLHE PARA O FILHO

Corramos com perseverança a corrida que nos é proposta, tendo os olhos fitos em Jesus, autor e consumador da nossa fé.

HEBREUS 12:1-2

Quase toda manhã, arrasto-me para fora da cama e vou para a rua. Corro porque não gosto de cardiologistas.

Como a doença cardíaca é comum em nossa família, faço as minhas corridas pelo bairro. Quando o sol se levanta, já estou correndo. E quando corro o meu corpo geme. Não quer cooperar. Meu joelho dói. Meus quadris ficam enrijecidos. Meu tornozelo reclama.

As coisas doem. O corpo todo dói. Mas aprendi que quando as coisas doem tenho três opções. Ir para casa, e Denalyn irá rir de mim. Meditar sobre as minhas dores até imaginar que estou sentindo dores no peito; e que pensamento agradável! Ou posso continuar a correr até ver o sol se levantar. Se eu observar o mundo de Deus passar do escuro para o dourado, sabe o que acontecerá? Ocorrerá o mesmo com a minha atitude. A dor passa e as juntas relaxam.

Tudo irá melhorar se eu fixar os olhos no sol nascente.

Por que não seguir o conselho da carta aos Hebreus e manter "os olhos fitos em Jesus"?

Cite uma ocasião em que as coisas melhoraram depois que você mudou o seu foco para o Filho.

Irmão e irmã

Tendo sido, pois, justificados pela fé, temos paz com Deus, por nosso Senhor Jesus Cristo.
Romanos 5:1

Orgulho e vergonha. Você nunca perceberia que são irmãos. Eles parecem ser tão diferentes. O orgulho estufa o peito. A vergonha inclina a cabeça. O orgulho se vangloria. A vergonha se esconde. O orgulho procura ser visto. A vergonha procura ser evitada.

Mas não se deixe enganar: essas emoções têm os mesmos pais. Exercem o mesmo impacto e mantêm você afastado do Pai.

O orgulho diz: "Você é bom demais para ele."

A vergonha diz: "Você é mau demais para ele."

O orgulho afasta você.

A vergonha mantém você afastado.

Se o orgulho antecede a queda, a vergonha não permite que você se levante depois de cair.

Está enfrentando o desafio do orgulho ou da vergonha? Como isso tem afetado o seu relacionamento com Deus?

UM AMOR ETERNO

Como os céus se elevam acima da terra, assim é grande o seu amor para com os que o temem.
SALMOS 103:11

A boa-nova da Bíblia não é que você ama a Deus, mas que Deus ama você; não que você pode conhecer a Deus, mas que Deus já conhece você! Ele tatuou o seu nome na palma da mão. O número de vezes que ele pensa em você é maior que o dos grãos de areia da praia. Você nunca sai da mente dele, jamais foge de sua visão, não escapa de seus pensamentos. Ele vê o pior de você e ainda assim o ama. Seus pecados de amanhã e as futuras falhas não irão surpreendê-lo: ele as vê agora. Todos os dias e toda a obra de sua vida passaram diante dos olhos dele e foram contabilizados em sua decisão. Ele conhece você melhor que você mesmo e chegou ao veredicto: ele ainda o ama. Nenhuma descoberta irá desiludi-lo, nenhuma rebelião irá dissuadi-lo. Ele ama você com um amor eterno.

Deus sabe tudo a respeito de você e ainda assim ele o ama. Diga como isso pode afetar positivamente a sua vida.

O MUNDO PRECISA DE SERVOS

Nem mesmo o Filho do homem veio para ser servido, mas para servir e dar a sua vida em resgate por muitos.

MARCOS 10:45

O mundo precisa de servos. Pessoas como Jesus, que "não vieram para ser servidas, mas para servir". Ele escolheu a remota Nazaré em vez da centralizada Jerusalém, a oficina de carpintaria do pai em vez de um palácio com colunas de mármore e três décadas de anonimato, em vez de uma vida de popularidade.

Jesus veio para servir. Ele escolheu a oração em vez do sono, o deserto em vez do Jordão, apóstolos irascíveis em vez de anjos obedientes. Eu teria ido com os anjos. Se tivesse escolha, montaria o meu time de apóstolos com querubins e serafins ou Gabriel e Miguel, testemunhas oculares do regate do mar Vermelho e do fogo no monte Carmelo. Eu escolheria os anjos.

Não Jesus. Ele escolheu as pessoas. Pedro, André, João e Mateus. Quando eles ficaram com medo da tempestade, ele a acalmou. Quando eles não tinham dinheiro para pagar os impostos, ele providenciou. E, quando não tinha vinho para o casamento ou alimento para a multidão, ele produziu um e outro.

Elabore uma lista de coisa que você pode fazer para servir os outros.

O ÚLTIMO PASSO

Ele transformará os nossos corpos humilhados, tornando-os semelhantes ao seu corpo glorioso.

FILIPENSES 3:21

Que palavras poderiam descrever o nosso corpo? Meu corpo *canceroso*? Meu corpo *artrítico*? Meu corpo *deformado*? Meu corpo *aleijado*? Meu corpo *viciado*? Meu corpo *em constante expansão*? As palavras podem ser diferentes, mas a mensagem é a mesma. O corpo é fracos. Ele conhece a decadência no momento em que começamos a respirar.

E, de acordo com Deus, isso faz parte do plano dele. Cada ruga e cada fisgada nos levam a um passo mais próximo do último passo, quando Jesus irá transformar o nosso corpo simples num corpo eterno. Sem sofrimento. Sem depressão. Sem doenças. Sem fim.

O corpo não é a nossa casa eterna. Serve apenas para o presente. Contudo, nada se compara ao momento em que ultrapassarmos esse limiar.

Seu corpo não é a sua "casa eterna". Pense em algumas razões para isso ser uma boa notícia.

Fevereiro

Eu te exaltarei, Senhor, pois tu me reergueste.

Salmos 30:1

Você já o viu?

Nós fomos testemunhas oculares da sua majestade.

2PEDRO 1:16

Jesus. O homem. O bronzeado galileu que falava com trovejante autoridade e amava com humildade infantil.

Aquele que afirmava ser mais velho que o tempo e mais poderoso que a morte.

Você já o viu?

As pessoas que o viram nunca mais foram as mesmas.

"Senhor meu e Deus meu!", exclamou Tomé.

"Eu vi o Senhor!", testemunhou Maria Madalena.

"Vimos a sua glória", declarou João.

"Não estava queimando o nosso coração, enquanto ele nos falava no caminho e nos expunha as Escrituras?", comentaram os dois discípulos de Emaús.

Mas Pedro foi além: "Nós fomos testemunhas oculares da sua majestade."

Como você descreveria a majestade de Jesus?
Imagine tê-lo como seu Salvador.

Ser amado para amar

Foi assim que Deus manifestou o seu amor entre nós: enviou o seu Filho Unigênito ao mundo [...]. Nisto consiste o amor.

1João 4:9-10

Longe de Deus, "o coração é mais enganoso que qualquer outra coisa" (Jeremias 17:9). O amor que preserva o casamento não está dentro de nós. A devoção que sustenta a amizade não pode ser encontrada no coração humano. Precisamos da ajuda de uma fonte externa. De uma transfusão. Seríamos capazes de amar como Deus ama? Então, precisamos começar por receber o amor de Deus.

Nós, pregadores, temos errado por ignorar esse primeiro passo. "Amem-se uns aos outros", costumamos dizer em nossas igrejas. "Seja paciente, benigno e magnânimo", insistimos. Mas ensinar as pessoas a amar sem dizer a elas o quanto são amadas é o mesmo que pedir um cheque emprestado sem depositar o dinheiro na conta. Não é de admirar que muitos relacionamentos estejam aquém do que poderiam ser. O coração não têm amor suficiente.

O segredo para amar é viver sendo amado.

Cite algumas coisas que o fazem lembrar o grande amor de Deus.

Definidos pela graça

[Deus] deu-nos vida com Cristo [...]. Deus nos ressuscitou com Cristo [...] para mostrar [...] a incomparável riqueza de sua graça.
Efésios 2:5-7

A graça define você. À medida que ela se instala, desaparecem os rótulos terrenos. Você é rotulado pela sociedade como um objeto numa linha de produção. Estúpido. Improdutivo. Lerdo para aprender. Fala muito depressa. Molenga. Sovina. Mas quando a graça se infiltra, a crítica se desintegra. Você sabe que não é aquilo que dizem de você, e sim o que Deus diz a seu respeito. Espiritualmente vivo. Celestialmente posicionado. Conectado com o Pai. Um mostruário de compaixão. Um filho honrado.

É claro que nem todos os rótulos são negativos. Alguns acham você encantador, interessante, bem-sucedido, eficiente. Contudo, nem um emprego na Casa Branca se compara a estar assentado "nos lugares celestiais" (Efésios 2:6). A graça elabora o currículo do cristão.

Você é o que Deus diz que você é. Que diferença isso pode fazer em sua vida?

UM DIA TRANQUILO DE REPOUSO

Lembra-te do dia de sábado, para santificá-lo.
ÊXODO 20:8

Você já sentiu as rodas da vida girando cada vez mais rápido ao passar pelas pessoas que ama? Não poderia afixar um aviso para ir mais devagar?

Nesse caso, leia o que Jesus fez durante o último sábado da vida dele. Comece pelo evangelho de Mateus. Não achou nada? Tente Marcos. Leia o que Marcos escreve sobre como Jesus passou o seu último sábado. Também não encontrou nada? Estranho. E Lucas? O que Lucas diz? Não há nenhuma referência a esse dia? Bem, experimente João. Ele certamente o menciona. Não? Nenhuma referência? Hum. Parece que nesse dia Jesus estava muito quieto.

"Espere um minuto! É só isso?" É.

"Você quer dizer que com apenas uma semana de vida Jesus observou o sábado?" É o que sabemos.

"Você está dizendo que com todos aqueles apóstolos para treinar e tantas pessoas para ensinar, Jesus tirava esse dia para descansar e orar?" Ao que parece, foi isso mesmo.

O que você pode fazer a fim de conseguir tempo para descansar e adorar a Deus?

Não é fácil amar

Amem os seus inimigos e orem por aqueles que os perseguem.
MATEUS 5:44

Amar não é fácil. Nem para você, nem para mim. Nem mesmo para Jesus. Quer uma prova? Ouça a sua frustração: "Ó geração incrédula, até quando estarei com vocês? Até quando terei que suportá-los?" (Marcos 9:19)

Até quando estarei com vocês?

"Por tempo suficiente para ser chamado de louco pelos meus irmãos e de mentiroso pelos meus vizinhos. Por tempo bastante para ser expulso de minha cidade e do Templo."

Até quando? "Até o galo cantar, o sofrimento atormentar, o martelo bater a ponto de retinir e uma súcia de demônios zombar do Deus moribundo."

Até quando? "Por tempo suficiente para que cada pecado penetre tão fundo na minha imaculada alma que o céu me dê as costas e até que os meus lábios pronunciarem as últimas palavras: 'Está consumado'."

Até quando? "Até eu morrer."

Você alguma vez teve dificuldade para amar o próximo? Por que amar é importante para nós se pode ser algo tão frustrante?

O Salvador ao lado

Quem é este que até o vento e o mar lhe obedecem?
Marcos 4:41

Ele era, ao mesmo tempo, homem e Deus.

Lá estava ele, a pessoa mais importante que já viveu. Esqueça o prêmio de melhor jogador. Ele representa toda a liga. O homenageado do desfile? Provavelmente não. Ninguém divide a rua com ele. Quem se compara a ele? Ao lado dele, o melhor e mais inteligente dos humanos é ofuscado como falso rubi.

Rejeitá-lo? Não podemos.

Resistir a ele? É igualmente difícil. Não precisamos de um Deus-homem Salvador? Um Jesus que fosse só Deus poderia nos criar, mas não nos compreender. Um Jesus que fosse apenas homem poderia nos amar, mas não nos salvar. E um Jesus que é Deus-homem? Perto o bastante para ser tocado. Forte o bastante para merecer confiança. Um Salvador ao lado.

Um Salvador que milhões de pessoas conhecem e sabem que é irresistível.

Temos um Salvador que está perto o bastante para ser tocado e é forte o bastante para merecer confiança. Escreva uma nota de louvor a ele por seu amor, cuidado e poder.

Nosso Deus imutável

É isto que você dirá aos israelitas: Eu Sou me enviou a vocês.

Êxodo 3:14

Você conhece alguém que anda por aí dizendo: "Eu sou?" Nem eu. Quando dizemos: "Eu sou", sempre acrescentamos outra palavra. "Eu sou feliz." "Eu sou forte." "Eu sou Max." Deus, entretanto, afirma de modo inflexível: "Eu sou" — e não acrescenta mais nada.

"Você é o quê?", poderíamos lhe perguntar. "Eu sou", ele responderia. Deus não precisa de nenhuma palavra descritiva porque ele não muda. Deus é o que ele é. Ele é aquilo que sempre foi. Sua imutabilidade levou o salmista a declarar: "Tu permaneces o mesmo" (Salmos 102:27). O autor está dizendo: "És aquele que é. Jamais mudarás." Javé é o Deus imutável.

Temos um Deus imutável. De que forma isso pode incentivar você a viver para ele?

A BENIGNIDADE FAZ O CAFÉ

Ele é bondoso para com os ingratos e maus.
LUCAS 6:35

Quantas vezes já agradecemos a Deus pela sua benignidade? Não o bastante. Mas será que a nossa ingratidão diminui a sua benignidade? Não. "Porque ele *é bondoso para com os ingratos e maus*."

Na linguagem original, a palavra para "benignidade" transmite uma ideia diferente do termo atual. Ela se refere principalmente a um ato de graça, mas também a um fato ou pessoa que é "útil, aproveitável, adaptada ao seu propósito". A palavra "benignidade" também era empregada para descrever um alimento saboroso e saudável. Isso pode soar estranho aos nossos ouvidos. "Hei, querida, que comida maravilhosa! A salada estava especialmente benigna essa noite!"

Mas faz sentido. A benignidade também não é boa para você? Não é agradável e prática? A benignidade não só diz "bom dia", faz o café também.

A benignidade é "um ato de graça". Cite algumas ocasiões em que você foi alvo de benignidade e outras em que você foi abençoado por ser benigno.

Um destino fantástico

Eu te exaltarei, Senhor, pois tu me reergueste.
Salmos 30:1

No livro de Deus, em algum lugar, o ser humano está no topo da página. Ele tem um destino fantástico. Somos preparados para caminhar pelo corredor da Igreja e nos tornarmos a Noiva de Jesus. Iremos viver com ele. Dividiremos o trono com ele. Reinaremos com ele. Somos importantes. Somos preciosos. E, o mais importante, o nosso valor está dentro de nós! Nosso valor é inato.

Veja, se havia uma coisa que Jesus queria que todos entendessem, era isto: o ser humano tem valor simplesmente pelo fato de ser uma pessoa. Por isso, ele tratava a todos daquela forma. Pense nisso. A jovem flagrada fazendo coisas reprováveis com quem não devia — ele a perdoou. O leproso intocável que pediu para ser purificado — ele o tocou. No episódio em que atendeu o cego que tumultuava a estrada — ele o honrou. E o pedinte velho, cansado e viciado em autopiedade do poço de Siloé — ele o curou!

Como Jesus quer que tratemos os outros?

O LUGAR DA ORAÇÃO

[Os discípulos] voltaram para Jerusalém, vindo do monte chamado das Oliveiras [...]. Todos eles se reuniam sempre em oração.

ATOS 1:12,14

Deseja poder para a sua vida? Ele virá, se você orar. Durante dez dias, os discípulos oraram. Dez dias de oração e alguns minutos de pregação resultaram em 3 mil almas salvas. Talvez estejamos invertendo os números. Tendemos a orar uns poucos minutos e a pregar dez dias. Não os apóstolos. Como o barco que esperava por Cristo, eles ficaram na presença dele. Não abandonaram o lugar da oração.

O Cenáculo estava ocupado por 120 discípulos. Como na época havia mais de 4 milhões de pessoas na Palestina, isso significa que menos de uma pessoa em cada 30 mil era cristã. Mas veja o fruto do Espírito de Deus em cada uma. Imagine o que aconteceria se nós, que continuamos nos esforçando tanto, fizéssemos o que eles fizeram: ficássemos com o Senhor no lugar devido.

Os discípulos se demoraram na presença de Deus.
O que aconteceria hoje se fizéssemos como eles?

Liberdade de escolha

Somos [...] dos que creem e são salvos.

Hebreus 10:39

Deus nos honra com a liberdade de escolher onde desejamos passar a eternidade.

E que honra é essa! Em muitas áreas da vida, simplesmente não temos escolha. Pense nisso. Você não escolheu o seu gênero. Não escolheu os seus descendentes. Não escolheu as sua raça nem o lugar de seu nascimento.

Às vezes, a impossibilidade de escolher nos enfurece. "Não é justo!", protestamos. Não é justo que eu tenha nascido na pobreza, que não saiba cantar ou que corra tão devagar. Mas a balança da vida sempre inclinou-se definitivamente para o lado da justiça quando Deus plantou uma árvore no jardim do Éden. Todas as queixas silenciaram quando Adão e seus descendentes receberam o livre-arbítrio, a liberdade para fazer a escolha eterna que desejarmos. Qualquer injustiça nesta vida é superada pela honra de escolher o nosso destino na vida futura.

Deus nos deu a liberdade de escolher o nosso destino. Como poderemos honrá-lo com essa liberdade?

NENHUM PREÇO É ALTO DEMAIS

Tínhamos que celebrar a volta deste seu irmão e alegrar-nos, porque ele estava morto e voltou à vida, estava perdido e foi achado.

LUCAS 15:32

Quando Jenna, nossa filha mais velha, tinha 2 anos de idade, eu a perdi numa loja de departamentos. Num minuto ela estava do meu lado e no minuto seguinte havia desaparecido. Entrei em pânico. De repente, só uma coisa importava: eu tinha de achar a minha filha. Esqueci as compras. A lista das coisas que viera buscar não tinha mais importância. Por alguns minutos, cada grama de minha energia estava concentrada num único objetivo — encontrar a minha filha perdida. (Eu a encontrei, diga-se de passagem. Estava escondida atrás de alguns casacos!)

Nenhum preço é alto demais para um pai quando se trata de salvar um filho. Nenhuma energia é desperdício. Nenhum esforço é exagerado. Um pai fará tudo que puder para encontrar um filho.

O mesmo acontece com Deus.

Anote aí. A maior criação de Deus não são as estrelas cadentes ou as imensas montanhas: é o seu plano eterno para chegar aos seus filhos.

Você conhece alguém que esteja afastado de Deus? Escreva uma oração para que essa pessoa seja encontrada.

Ele escolheu a cruz

Vocês são salvos pela graça, por meio da fé, e isto não vem de vocês, é dom de Deus.

Efésios 2:8

A obediência de Jesus começou na carpintaria de uma vila. Essa abordagem incomum à vida diária preparou-o para a sua vocação incomum. "Jesus tinha cerca de trinta anos de idade quando começou seu ministério" (Lucas 3:23). Para mudar o mundo, ele teve de dizer adeus a este mundo.

Ele deu um beijo em Maria. Fez a última refeição na cozinha e deu uma última caminhada pelas ruas. Teria ele subido algum dos montes de Nazaré para pensar no dia em que subiria um monte perto de Jerusalém?

Ele sabia o que iria acontecer. Cristo, "conhecido antes da criação do mundo, [foi] revelado nestes últimos tempos em favor de vocês" (1Pedro 1:20). Cada grama de sofrimento fora escrita — bastava ele cumprir a sua parte.

Não que ele fosse obrigado a fazer isso. Nazaré era um lugar acolhedor. Por que não se dedicar ao ramo da carpintaria? Por que não manter a sua identidade em segredo? Ser obrigado a morrer é uma coisa. Estar disposto a tomar a própria cruz é algo muito diferente.

Existe alguma coisa que você esteja precisando abandonar para seguir a Cristo?

"Deus existe! Deus existe!"

Se eu subir aos céus, lá estás; se eu fizer a minha cama na sepultura, também lá estás.

Salmos 139:8

É a normalidade, não a singularidade, que torna os milagres de Deus tão surpreendentes. Em vez de chocar o mundo com uma demonstração ocasional de sua divindade, ele preferiu dar mostras diárias de seu poder. Proverbialmente. Cavalgando as ondas. As cores ordenadas do prisma. Nascimento, morte, vida. Estamos rodeados de milagres. Deus lança testemunhos diante de nós como se fossem fogos de artifício, cada um deles explodindo com as palavras: "Deus existe! Deus existe!"

O salmista ficou maravilhado com a obra divina. "Para onde poderia eu escapar do teu Espírito?", ele pergunta, extasiado. "Para onde poderia fugir da tua presença? Se eu subir aos céus, lá estás; se eu fizer a minha cama na sepultura, também lá estás" (Salmos 139:7-8).

Diante de tantos e tão maravilhosos testemunhos ao nosso redor, imaginamos se é possível fugir de Deus. Mas de alguma forma o fazemos. Vivemos na galeria de arte da criatividade divina e no entanto nos contentamos em fixar os olhos no tapete.

Cite algumas das coisas mais belas que você tem visto na galeria de arte de Deus.

Você é criação de Deus

Antes de formá-lo no ventre eu o escolhi.
Jeremias 1:5

Deus planejou e construiu você baseado num propósito. Num projeto celestial.

Num determinado momento, antes que os momentos existissem, o soberano Criador das estrelas resolveu: "Vou criar __________." Seu nome está em branco. Ele continuou: "Vou fazê-lo(a) __________, __________, __________ e __________. Preencha os espaços com as suas características. Criterioso. Talentoso. Observador. Irrequieto. Por ser uma criação de Deus, você é uma boa ideia. Deus disse a seu respeito o que afirmou a respeito de Jeremias: "Antes de formá-lo no ventre eu o escolhi" — para um trabalho especial.

Você foi escolhido para um trabalho especial

De que forma as suas características singulares prepararam você para realizar um trabalho especial para Deus?

Crescimento diário

É Deus quem efetua em vocês tanto o querer quanto o realizar, de acordo com a boa vontade dele.
Filipenses 2:13

Não deveriam a noiva e o noivo estar mais casados no dia de suas bodas de ouro que no dia do casamento?

Mas como isso seria possível? A certidão de casamento não amadureceu. Mas o relacionamento sim, e aí está a diferença. Tecnicamente, eles estão unidos da mesma forma que no dia em que deixaram o altar. Mas em termos de relacionamento, eles mudaram muito.

O mesmo acontece em relação ao nosso caminho com Deus. O hoje pode ser mais salvo do que no dia de sua conversão? Não. Mas pode alguém crescer na salvação? Claro que sim. A salvação, como o casamento, é um negócio concluído que se desenvolve diariamente.

Faça uma lista de fatos ocorridos nas semanas e meses anteriores que evidenciam o seu crescimento na caminhada com Deus.

Para que se preocupar?

Dediquem-se à oração, estejam alerta e sejam agradecidos.
COLOSSENSES 4:2

Duas palavras resumem a concepção de Cristo sobre a preocupação: irrelevante e irreverente. "Quem de vocês, por mais que se preocupe, pode acrescentar uma hora que seja à sua vida?" (Mateus 6:27). A preocupação é irrelevante. Ela não consegue mudar nada. Quando foi a última vez que você resolveu um problema apenas se preocupando com ele? Imagine se alguém dissesse: "Estou com as contas atrasadas, por isso resolvi dar um jeito nas minhas dívidas. E funcionou! Passei algumas noites sem dormir, um dia inteiro vomitando e torcendo as mãos. Gritei com os filhos, tomei alguns comprimidos, e, graças à minha preocupação, o dinheiro apareceu na minha mesa!"

Isso não acontece! A preocupação não muda nada. Você não acrescenta um único dia à sua vida nem um pedaço de vida ao seu dia por se preocupar. A ansiedade só produz azias, nada mais.

Noventa e dois por cento de nossas preocupações são desnecessárias. E elas não são apenas irrelevantes e inúteis. A preocupação é irreverente, pois é falta de confiança em Deus.

"A preocupação é irreverente, pois é falta de confiança em Deus." Explique o que essa frase significa e por que ela é verdadeira.

A RAZÃO DA CRUZ

Fomos santificados, por meio do sacrifício do corpo de Jesus Cristo, oferecido uma vez por todas.
HEBREUS 10:10

O ser humano, não é capaz de administrar a própria culpa sozinho. Ele deve receber ajuda de fora. Para se perdoar, ele precisa do perdão daquele a quem ofendeu. No entanto, é indigno de pedir perdão a Deus.

Portanto, essa é toda a razão da cruz.

A cruz fez o que os cordeiros oferecidos em sacrifício não puderam fazer. Ela apagou os nossos pecados — não por um ano, mas por toda a eternidade. A cruz fez o que o ser humano não pode fazer. Ela nos concedeu o direito de conversar com Deus, amá-lo e até mesmo conviver com ele.

Você não pode fazer isso sozinho. Não importa de quantos cultos de adoração já participou ou quantas boas ações praticou. Sua bondade será sempre insuficiente. Você não pode ser bom o bastante para merecer perdão. Ninguém consegue rebater mil bolas nem acertar trezentas. Ninguém. Nem você, nem eu. Ninguém.

É por isso que precisamos de um salvador.

A cruz apagou os nossos pecados por toda a eternidade. Cristo fez o que nós não poderíamos fazer. Escreva algumas frases de louvor pelo seu sacrifício amoroso.

Razões para se alegrar

Alegrem-se sempre no Senhor. Novamente direi: Alegrem-se!
Filipenses 4:4

"Como vai a vida?", alguém pergunta. E nós, que fomos resgatados da morte, respondemos: "Bem, poderia estar melhor." Ou: "Não consegui um lugar para estacionar o carro." Ou: "Meus pais não me deixam mudar para o Havaí." Ou: "As pessoas não me dão sossego, e não consigo terminar o meu sermão sobre egoísmo."

Estaria você tão obcecado com o que não tem a ponto de não perceber o que tem?

Você tem uma entrada para o céu que nenhum ladrão pode roubar, um lar eterno que nenhum divórcio pode desmanchar.

Cada pecado de sua vida foi lançado nas profundezas do mar.

Cada erro que cometeu foi pregado no madeiro.

Você foi comprado com sangue e está pronto para o céu.

Um filho de Deus — salvo para sempre.

Então, seja agradecido, alegre-se — não é tudo isso real?

O que você não tem é muito pouco, em comparação com o que você tem.

Cite algumas coisas em sua vida pelas quais você pode se mostrar agradecido.

HÁ UMA SELVA LÁ FORA

O meu socorro vem do SENHOR, que fez os céus e a terra.

SALMOS 121:2

Para muita gente, a vida é... bem, a vida é uma selva. Não uma selva de árvores e animais selvagens. Nossa selva é composta pelas moitas densas da saúde precária, dos corações partidos e das carteiras vazias. Não ouvimos o cantar dos pássaros nem o rugir dos leões, apenas as reclamações dos vizinhos e as exigências do chefe.

Seja você um cordeiro perdido à beira do penhasco, seja um sujeito da cidade que se embrenhou na mata fechada, tudo se transforma quando surge o resgatador.

Sua solidão diminui porque você encontrou um companheiro. O desespero se abranda porque você passa a vislumbrar uma esperança. A confusão desaparece porque você agora tem uma direção.

Você não saiu da selva. As árvores ainda escondem o céu, e os espinhos ainda penetram a carne.

Ela não mudou, você sim. Você mudou porque encontrou alguém capaz de guiá-lo para fora da mata.

Você já encontrou Alguém capaz de guiá-lo para fora da "selva da vida"? Como isso mudou a sua maneira de viver?

NÃO SE ESQUEÇA

O próprio Senhor Jesus Cristo e Deus nosso Pai, que nos amou e nos deu eterna consolação e boa esperança pela graça.
2 TESSALONICENSES 2:16

Você ainda está apaixonado por Jesus? Antes de se lembrar de alguma coisa, lembre-se dele. Ainda que esqueça tudo o mais, não se esqueça dele.

Oh, mas como esquecemos depressa! Tanta coisa aconteceu no decorrer dos anos. Tantas mudanças interiores. Tantas alterações exteriores. E, em algum ponto, lá atrás, nós o deixamos. Não viramos as costas para ele, simplesmente o abandonamos. Vieram as obrigações, as promoções. Orçamentos foram feitos. Os filhos nasceram. E Cristo... Cristo foi esquecido.

Há quanto tempo você não olha para o céu em silenciosa e profunda admiração? Há quanto tempo você deixou de atentar para a divindade de Jesus e para a sua humanidade?

Se for esse o caso, então você precisa entender uma coisa. Ele ainda está lá. Ele ainda não partiu.

Faça uma lista de coisas que você observa no mundo e nas pessoas ao redor e que dão testemunho da divindade de Jesus.

Deus justifica a nossa adoração

Deem graças ao Senhor *porque ele é bom;*
o seu amor dura para sempre.
Salmos 107:1

O motivo principal para adorar a Deus? Ele merece. Se cantar só serviu para enfraquecer a sua voz, se ajudar os outros só serviu para esvaziar a sua carteira e se orar nada fez por você, ainda assim é justo que você o adore. Deus justifica a sua adoração.

De que outro modo você corresponderia a um Ser que possui uma santidade ardente, bem-aventurada, imutável e infinita? O que fazer com tal santidade, senão adorá-la?

E o seu poder! Ele impulsiona a força que lança os meteoros, coloca planetas em órbita e acende as estrelas. Ordena que as baleias expilam ar salgado, que as petúnias perfumem a noite e que os pássaros cantem alegres na primavera. Acima da terra, aglomerados de nuvens se formam e se desmancham incessantemente. No interior da terra, camadas de rochas se movimentam e se acomodam. Quem somos nós para residir neste globo irrequieto e repleto de maravilhas?

Por que Deus merece o nosso louvor e a nossa adoração?

Trabalhar bem

Meu Pai continua trabalhando até hoje, e eu também estou trabalhando.
João 5:17

Deus considera o trabalho tão digno que registrou um mandamento a esse respeito: "Trabalhe seis dias, mas descanse no sétimo" (Êxodo 34:21). Gostamos da segunda parte do versículo. Contudo, a ênfase no dia do repouso pode nos levar a esquecer a ordem de trabalhar: "Trabalhe seis dias." Seja em casa, seja em outro lugar, o seu trabalho é importante para Deus.

E também é importante para a sociedade. Precisamos de você! As cidades precisam de encanadores. As nações precisam de soldados. Os faróis quebram. Os ossos quebram. Precisamos de pessoas para consertar os primeiros e curar os últimos. Alguém tem de criar os filhos, outros precisam cuidar da lavoura, outros ainda são obrigados a fazer as duas coisas.

Você está imitando a Deus sempre que liga o computador ou amarra os sapatos. O próprio Javé trabalhou nos primeiros seis dias da criação. Jesus disse: "Meu Pai continua trabalhando até hoje, e eu também estou trabalhando."

Cite algumas maneiras pelas quais você pode honrar a Deus por meio do seu trabalho?

Vitória garantida

Esta é a vitória que vence o mundo, a nossa fé.

1João 5:4

Uma característica especial do Reino de Deus é que você tem a vitória garantida. Você venceu! Você tem a garantia de que num momento futuro estará perante a face de Deus e contemplará o Rei dos reis. Você tem a certeza de que um dia habitará um mundo sem sofrimento, lágrimas ou tristezas.

Se você não tem fé no futuro, então não possui poder no presente. Se não crê numa vida além desta, então a sua vida presente não tem de poder. Mas se acredita no futuro e tem certeza da vitória, então caminhará como se estivesse andando nas nuvens, e um sorriso brilhará em sua face.

Traga à memória algumas das muitas vitórias que você experimentou por causa de Deus. Você está sorrindo?

Ver a Deus

Digo-lhes a verdade: O que vocês fizeram a algum dos meus menores irmãos, a mim o fizeram.
Mateus 25:40

Certo homem abandonou a riqueza para buscar a Deus na simplicidade. Despiu-se das roupas luxuosas e abandonou a cidade. À beira da estrada, encontrou um leproso. Passou por ele, mas então parou, retornou e abraçou o doente. E continuou a caminhar. Alguns passos adiante, virou-se para olhar outra vez, mas o homem já não estava lá.

Pelo resto da vida, ele acreditou que o leproso fosse Jesus Cristo. É possível que estivesse certo.

Jesus vive nos esquecidos. Ele passou a residir nos excluídos. Ele construiu a sua mansão entre os doentes. Se quisermos ver a Deus, precisamos nos aproximar dos cansados e oprimidos, e lá o veremos.

Encontraremos Cristo entre os "cansados e oprimidos". No entanto, são justamente eles que muitas vezes tendemos a evitar. O que poderia nos compelir a nos aproximar deles em amor?

A SABEDORIA NAS ADVERTÊNCIAS

Não se deixem enganar: de Deus não se zomba. Pois o que o homem semear, isso também colherá.
GÁLATAS 6:7

Às vezes, ficamos surpresos com as adversidades, mas ao ser prensados contra a parede da sinceridade temos de admitir que, se tivéssemos despedido aquela recepcionista tola ou feito algo a respeito daqueles telefonemas, muitos problemas teriam sido evitados. Geralmente, percebemos os problemas diante de nós. Cristãos que caíram em pecado sentiram o fogo enfraquecendo muito antes de ele se apagar. A gravidez indesejada ou as explosões de ira podem parecer consequências de um momento de leviandade, mas quase sempre são o resultado de ignorar as advertências sobre um perigo iminente.

Você está prestes a cair em pecado? Seus sentidos não estão mais funcionando direito? Seus olhos foram condicionados a girar e se movimentar, quando deveriam parar e observar?

Se for assim, talvez você esteja precisando consertar o seu detector de perigo.

Você desenvolveu o hábito de ignorar as advertências de Deus? O que você pode fazer para pôr o seu "detector de perigo" em funcionamento outra vez?

Abra o coração

Quando estiver com medo, confiarei em ti.
Salmos 56:3

Como Jesus suportou o terror da crucificação? Antes de tudo, ele comunicou os seus temores ao Pai. E repetiu as palavras de Salmos 56:3: "Quando estiver com medo, confiarei em ti."

Faça o mesmo com os seus temores. Não evite os jardins do Getsêmani. Passe por eles. Mas não vá sozinho. E, quando estiver ali, seja sincero. É permitido pisar na grama. Lágrimas não são proibidas. E, se você suar sangue, não será o primeiro. Faça o que Jesus fez: abra o coração.

E seja específico. Jesus foi. "Afasta de mim este cálice", ele orou. Informe a Deus o número de seu voo. Ou o tamanho do discurso. Apresente a ele os detalhes sobre a mudança de emprego. Ele tem muito tempo. E também tem muita compaixão.

Ele não considera os seus temores tolos ou sem fundamento. Ele não vai mandar você "se animar" ou "bater o pé". Ele já esteve onde você está agora. Ele sabe como você se sente.

E sabe também do que você está precisando.

Como o amor de Deus pode ajudar você a ser honesto com ele?

O amor de Deus

Chamarei "minha amada" a quem não é minha amada.
Romanos 9:25

Nosso amor depende de quem recebe esse amor. Se mil pessoas passarem por nós, não sentiremos o mesmo amor por todas elas. Nosso amor será ajustado de acordo com a aparência, a personalidade. Mesmo quando encontramos pessoas de quem gostamos, os nossos sentimentos flutuam. A maneira como nos tratam influi na forma em que são amadas por nós. Nosso amor se ajusta à pessoa que o receberá.

Mas isso não acontece com o amor de Deus. Não sofremos nenhum impacto termostático de seu amor por nós. O amor de Deus nasce dentro dele, não no que ele encontra em nós. Seu amor não tem causa e é espontâneo.

Será que ele nos ama por causa de nossas virtudes? Por causa de nossa bondade? Por causa de nossa grande fé? Não, ele nos ama por causa de sua virtude, bondade e grande fé.

O amor de Deus não tem causa e é espontâneo. E não depende de nossas virtudes para ser recebido. De que forma isso pode ajudar você a amar os outros?

Março

Sou Deus, e não homem, o Santo no meio de vocês.

Oseias 11:9

A RECOMPENSA DO CRISTIANISMO

Considero tudo como perda, comparado com a suprema grandeza do conhecimento de Cristo Jesus, meu Senhor.
FILIPENSES 3:8

A recompensa do cristianismo é Cristo.

Você viaja até o Grand Canyon pelos *souvenirs*, para comprar uma camiseta ou o globo que faz cair neve quando você sacode? Não. A recompensa do Grand Canyon é o próprio Grand Canyon. É perceber, de olhos arregalados, que você faz parte de uma coisa maior que você, antiga, esplêndida, poderosa.

A recompensa do cristianismo é Cristo. Não é dinheiro no banco, um carro na garagem, um corpo sadio ou uma imagem pessoal melhorada. Efeitos secundários ou terciários, talvez. Mas o Forte Knox da fé é Cristo. A comunhão com ele. É caminhar com ele. Ponderar sobre ele. Sondá-lo. A sublime percepção de que nele você é parte de uma coisa antiga, infinita, incontrolável e insondável. É entender que ele, que cavou o Grand Canyon com o dedo mínimo, considera você digno da morte dele numa cruz romana. Cristo é a recompensa do cristianismo.

Explique por que Cristo é a recompensa do cristianismo.

A IRA NÃO FAZ BEM

O homem irado provoca brigas.
PROVÉRBIOS 29:22

A ira é uma emoção peculiar e previsível. Começa como uma gota de água. Uma irritação. Uma frustração. Nada muito grave, apenas um certo exagero. Alguém ocupa a sua vaga na garagem. Alguém lhe dá uma cortada na rodovia. O garçom demora quando você está com pressa. A torrada queimou. A torneira está vazando. Ping. Ping. Ping. Ping.

No entanto, junte essas gotas de raiva aparentemente inofensivas em quantidade suficiente, e logo terá um balde cheio de fúria. A vingança se põe a caminho. A mágoa é cega.

Mas seria essa uma forma de viver? O que o ódio já trouxe de bom? Que esperança já resultou da ira? Quantos problemas já foram resolvidos com vingança?

Pense numa ocasião em que você permitiu que a ira ou a vingança tomasse conta do seu coração. Qual foi o resultado?

Temos um problema

O salário do pecado é a morte, mas o dom gratuito de Deus é a vida eterna em Cristo Jesus, nosso Senhor.

Romanos 6:23

Temos um problema: não somos santos nem nos esforçamos "para viver em paz com todos e para serem santos" (Hebreus 12:14).

Nossas obras são malfeitas. Nossos atos são rudes. Não fazemos o que desejamos, não gostamos do que fazemos e, o que é pior — sim, tem coisa pior: não podemos mudar.

Tentamos... e como tentamos! Mas "será que o etíope pode mudar a sua pele? Ou o leopardo as suas pintas? Assim também vocês são incapazes de fazer o bem, vocês, que estão acostumados a praticar o mal" (Jeremias 13:23).

Nós, à semelhança de Adão, estávamos sob maldição, mas "Cristo nos redimiu da maldição da Lei quando se tornou maldição em nosso lugar" (Gálatas 3:13).

Aquele que é sem pecado assumiu a face do pecador para que os pecadores pudessem assumir uma face santa.

Existe Alguém que pode mudar a nossa vida porque ele trocou de lugar conosco no Calvário. Que importância tem isso com relação à sua personalidade?

Trabalhar e adorar

Trabalharás seis dias e neles farás todos os teus trabalhos, mas o sétimo dia é o sábado dedicado ao SENHOR, *o teu Deus.*

ÊXODO 20:9-10

Precisamos de um dia em que o trabalho seja banido. Precisamos de um período de 24 horas em que as rodas deixem de moer e os motores parem de girar. É preciso parar.

Um versículo resume a vida de muita gente: "Sim, cada um vai e volta como a sombra. Em vão se agita, amontoando riqueza sem saber quem ficará com ela" (Salmos 39:6).

Parece com a sua vida? Será que você aparece tão pouco que os seus amigos já pensam que é um fantasma? Você corre tanto que a sua família está começando a questionar a sua existência? Será que você incluiu o orgulho em sua correria à custa de sua fé?

Vá mais devagar. Se Deus ordenou o descanso, é porque você precisa dele. Se Jesus deu o exemplo, é porque você precisa disso. Separe um dia para dizer não ao trabalho e sim à adoração.

Será que você incluiu o orgulho em sua correria à custa de sua fé? Que medidas você poderia tomar a fim de reservar um dia para descanso e adoração?

Singularmente único

Eu te louvo porque me fizeste de modo especial e admirável.
Salmos 139:14

Como você responderia a este questionário de múltipla escolha?

Eu sou:

___ uma coincidente colisão de partículas.

___ uma acidental evolução de moléculas.

___ uma desalmada flutuação de partículas no Universo.

___ formado "de modo especial e admirável".

Não tire o brilho de sua vida ignorando este detalhe: você é mais que uma probabilidade estatística, mais que uma combinação de hereditariedade e sociedade, mais que uma confluência de cromossomos herdados e traumas da infância. Você é mais que um catavento ambulante impulsionado pelos ventos frios do destino. Graças a Deus, você foi "esculpido do nada até ser alguma coisa" (*A Mensagem*)

Deus esculpiu você do nada. Que diferença isso faria em seu modo de viver? E em suas atitudes com relação à vida?

Ele já passou por isso

Era necessário que ele se tornasse semelhante a seus irmãos em todos os aspectos.
Hebreus 2:17

Basta mergulhar o dedo no evangelho de Mateus para perceber que Jesus pertencia à Sociedade da Auréola Torta. Raabe era uma prostituta de Jericó. O vovô Jacó era malandro o bastante para merecer uma tornozeleira eletrônica. Davi tinha uma personalidade tão irregular quanto uma tela de Picasso — um dia ele escrevia Salmos e no outro seduzia a esposa de um soldado de seu exército. Mas teria Jesus apagado o próprio nome da lista? De jeito nenhum.

Por que ele pendurou a roupa suja da família no varal do vizinho?

Porque a sua família também tem. O pai que nunca vem para casa. O avô que fugiu com a colega de trabalho. Se existem frutos estragados em sua árvore genealógica, Jesus quer que você saiba que "ele já passou por isso".

A frase: "Já passei por isso" está no coro do hino de Cristo. Ao solitário, Jesus sussurra: "Já passei por isso." Ao desanimado, ele meneia a cabeça e suspira: "Já passei por isso."

Como os frutos estragados da árvore genealógica de Jesus podem ser um incentivo a você?

Deus não tem limitações

Para onde poderia eu escapar do teu Espírito?
Salmos 139:7

Você e eu somos governados. O tempo determina o que devemos vestir. O terreno diz como iremos nos locomover. A gravidade dita a nossa velocidade, e a saúde determina o nosso vigor. Podemos até desafiar essas forças e modificá-las ligeiramente, mas nunca iremos eliminá-las.

Deus, o nosso Pastor, não consulta o tempo: ele faz o tempo. Ele não desafia a gravidade: cria a gravidade. Não é afetado pela saúde; ele não tem corpo. Jesus disse: "Deus é espírito" (João 4:24). E, por não ter corpo, ele também não tem limitações — é igualmente ativo no Camboja e em Connecticut. "Para onde poderia eu escapar do teu Espírito?", pergunta Davi. "Para onde poderia fugir da tua presença? Se eu subir aos céus, lá estás; se eu fizer a minha cama na sepultura, também lá estás" (Salmos 139:7-8).

Não existe um lugar em que possamos estar e Deus não. Escreva quão maravilhoso e edificante esse pensamento pode ser.

Corações benignos

O amor é paciente, o amor é bondoso.
1 Coríntios 13:4

Qual o seu quociente de benignidade? Quando foi a última vez que você fez algo de bom por alguém de sua família — por exemplo, buscar um cobertor, limpar a mesa, preparar o café — sem que ninguém pedisse?

Pense na escola ou no local de trabalho. Que pessoa é mais ignorada ou evitada? O aluno tímido? O patrão mal-humorado? Talvez ele não fale a sua língua. Talvez ele não consiga se adaptar. Seria você esse tipo de pessoa?

O coração benigno é do tipo silencioso. Ele faz parar o trânsito para que a mamãe e seus três filhos atravessem a faixa à saída da escola. Ele recolhe o lixo da lata do vizinho que se esparramou pela rua. E é especialmente bondoso na igreja. Entende que a pessoa mais necessitada a cruzar com ele durante a semana pode ser aquela que está de pé no saguão do templo ou sentada e orando no banco atrás dele. Paulo escreve: "Enquanto temos oportunidade, façamos o bem a todos, especialmente aos da família da fé" (Gálatas 6:10).

Cite algumas pessoas que poderiam usufruir um pouco da sua cota de bondade.

O PIONEIRO DA SALVAÇÃO

Ele foi transpassado por causa das nossas transgressões, foi esmagado por causa de nossas iniquidades.

ISAÍAS 53:5

Aquele a quem oramos conhece os nossos sentimentos. Ele conhece as tentações. Ele já se sentiu desanimado. Já sentiu fome, sono e cansaço. Ele sabe o que sentimos quando o despertador toca ou quando os nossos filhos pedem coisas diferentes ao mesmo tempo. Ele meneia a cabeça, cheio de compreensão, quando oramos com raiva. Ele se emociona quando dizemos que podemos fazer algo mais. Ele sorri quando nos confessamos cansados.

O desejo dele é que lembremos disto: ele também já foi humano. Quer que saibamos que ele também conheceu o zumbido da monotonia e a fadiga que se segue aos dias mais longos. Ele quer que nos lembremos de que o nosso pioneiro não usava colete à prova de balas nem luvas de borracha, menos ainda uma armadura impenetrável. Não, ele foi o pioneiro de nossa salvação no mundo que você e eu enfrentamos diariamente.

Jesus andou pelo nosso mundo. Ele sentiu fome. Ele ficou desanimado. Como isso pode ajudar você a enfrentar as dificuldades do dia a dia?

Redefinindo a oração

Dediquem-se à oração, estejam alerta e sejam agradecidos.
COLOSSENSES 4:2

Os primeiros cristãos tinham a obrigação de:

- "Orar continuamente" (1Tessalonicenses 5:17).
- "Perseverar na oração" (Romanos 12:12).
- "Orar no Espírito em todas as ocasiões" (Efésios 6:18).

Parece cansativo? Você pode estar pensando: "Meus negócios exigem a minha atenção, os meus filhos precisam comer, minhas contas precisam ser pagas. Como vou orar o tempo todo?"

Faça assim. Mude a sua definição de oração. Pense nela menos como uma atividade para Deus e mais como a consciência da presença de Deus. Tente viver essa consciência de uma maneira ininterrupta. Reconheça a presença do Senhor onde quer que você esteja. Na fila para estacionar o carro, pense: "Obrigado, Senhor, por estares aqui!" No supermercado, fazendo compras: "Eu te agradeço, meu Rei, por tua presença!" Enquanto lava os pratos, adore ao Criador.

O conceito de oração incessante parece pesado demais para você? O que você poderia fazer para se manter consciente da presença de Deus o tempo todo?

O PECADO DO MUNDO

Ele mesmo levou em seu corpo os nossos pecados sobre o madeiro.
1 PEDRO 2:24

Cada aspecto da crucificação tinha a intenção não só de machucar a vítima, mas também de envergonhá-la. A morte na cruz era reservada aos condenados mais desprezíveis: escravos, assassinos e outros do mesmo naipe. O condenado caminhava pelas ruas da cidade carregando a própria cruz e trazia ao pescoço um cartaz que especificava o seu crime. No local da execução, o condenado era despido e ridicularizado.

A crucificação era um ato tão abominável que Cícero escreveu: "Que o próprio nome da cruz seja mantido longe não apenas do corpo de um cidadão romano, mas também de seus pensamentos, olhos e ouvidos."

Jesus não só foi humilhado perante o povo, mas também diante do céu.

Embora não carregasse o pecado de assassinato ou de adultério, ele sentia a vergonha do assassino e do adúltero. Embora nunca tivesse mentido, carregava a desgraça do mentiroso. Embora jamais tivesse enganado alguém, sentia a vergonha dos vigaristas. Ao carregar os pecados do mundo, sentia a vergonha coletiva do mundo.

Escreva uma oração de agradecimento a Jesus por sua graça, misericórdia e amor.

Ele é o seu Deus

Sou Deus, e não homem, o Santo no meio de vocês.

Oseias 11:9

Antes de prosseguir com a leitura, reflita sobre a última frase: "[Estou] no meio de vocês." Você acredita nisso? Acredita que Deus está por perto? Ele quer que você acredite nisso. Quer que você saiba que ele está no seu mundo. Onde quer que você esteja lendo estas palavras, ele está presente. No seu carro. No avião. No seu escritório, no seu quarto, em sua sala. Ele está aí.

Deus está no meio de tudo que faz parte de seu mundo. Ele não fixou residência numa galáxia distante nem se afastou da história. Não se recolheu a um trono num castelo de fogo.

Ele quis se aproximar. Envolveu-se na carona solidária, no sofrimento e nos funerais de nosso cotidiano. Ele está tão perto de nós na segunda-feira quanto no domingo. Tanto na sala de aula quanto no santuário. Tanto no intervalo para o café quanto na mesa da santa ceia.

Deus está no meio de tudo que faz parte de seu mundo. Como isso afeta você?

As maiores bênçãos de Deus

O Filho do homem vai, como está escrito a seu respeito.
Mateus 26:24

As maiores bênçãos de Deus costumam chegar vestidas de tragédia. Quem duvida só precisa subir o monte Calvário.

Naquela sexta-feira, na cidade de Jerusalém, a opinião geral era esta: Jesus estava acabado. Que outra conclusão faria sentido? Os líderes religiosos o haviam denunciado. Roma se recusara a libertá-lo. Seus seguidores estavam escondidos ou dispersos. Ele seria pregado na cruz e deixado ali para morrer, e foi o que ele fez. Silenciaram os seus lábios e selaram o seu túmulo, e qualquer sacerdote que merecesse o seu filactério diria: Jesus agora é história. Três anos de poder e promessas estão se decompondo num túmulo emprestado. Procure um raio de esperança no céu da crucificação, e não encontrará.

Essa era a visão dos discípulos, a opinião dos amigos e a perspectiva dos inimigos.

Mas Deus não ficou surpreso. Seu plano foi cumprido exatamente como previsto. Mesmo — e especialmente — na morte, Cristo ainda é o Rei, o Rei da própria crucificação.

Deus não se surpreende com nada que aconteça no mundo. Por que isso é uma boa notícia?

Deus gosta de nos surpreender

A promessa vem pela fé, para que seja de acordo com a graça e seja assim garantida.
Romanos 4:16

Nosso problema nunca será tão grande a ponto de Deus não nos dar o que esperamos, mesmo que não saibamos ao certo o que esperar. (Talvez você queira ler essa frase outra vez).

A esperança não é o que você deseja, e sim aquilo que você jamais sonhou. É uma história confusa e improvável com um final inesperado. É Abraão ajustando os óculos não para ver o neto, mas o filho. É Moisés de pé na Terra Prometida não com Arão e Miriã ao seu lado, mas com Elias e o Cristo transfigurado.

A esperança não é um desejo concedido nem um favor realizado. Não, é muito mais que isso. É a dependência simplória e imprevisível de um Deus que gosta de nos surpreender e de estar lá pessoalmente para ver a nossa reação.

Podemos depender de um Deus que gosta de nos surpreender com coisas que estão além de nossos sonhos mais loucos. Cite uma ocasião em que isso aconteceu em sua vida.

Planejado por Deus

Se alguém serve, faça-o com a força que Deus provê.

1 Pedro 4:11

Deus planejou você com um propósito. De que outra forma você poderia explicar a si mesmo? Sua habilidade para diagnosticar um problema no motor apenas pelo barulho ou para fazer um bolo sem receita. Você conhece a Guerra Civil melhor que o seu professor de história. Você sabe o nome de cada criança do orfanato. Como explicar habilidades tão peculiares?

Deus. Ele sabia que a jovem nação de Israel iria precisar de um código, por isso deu a Moisés o amor pelas leis. Ele sabia que a doutrina da graça iria precisar de um advogado eloquente, então incitou Paulo. E, no seu caso, ele sabia de que a sua geração iria precisar, por isso providenciou você. Ele planejou você. E o projeto dele define o seu destino. Lembra-se da advertência de Pedro: "Se alguém serve, faça-o com a força que Deus provê"?

Que habilidades Deus concedeu a você? Como elas poderão moldar o seu destino?

QUAL O ALCANCE DO AMOR DE DEUS?

Deus tanto amou o mundo que deu o seu Filho Unigênito.
JOÃO 3:16

Tão solidamente quanto a viga central da cruz proclama a santidade de Deus, a trave mestra declara o seu amor. Oh! E como é grande o alcance desse amor!

Você não se alegra por esse versículo não dizer:

"Deus só amou os ricos..."?

Ou: "Deus só amou os famosos"?

Ou: "Deus só amou os magros"?

O versículo não diz isso. Nem afirma: "Deus só amou os europeus ou os africanos..." "Deus só amou os sóbrios ou os vitoriosos..." "Deus só amou os jovens ou os velhos..."

Não. Quando lemos João 3:16, encontramos apenas (e felizmente) isto: "Deus tanto amou o mundo..."

Qual o alcance do amor de Deus? O suficiente para todo o mundo.

Você não se alegra ao saber que Deus ama o mundo inteiro? Escreva algumas frases que expressem o extraordinário alcance do amor e da misericórdia de Deus.

Paz por meio da oração

A paz de Deus [...] guardará o coração e a mente de vocês em Cristo Jesus.
Filipenses 4:7

O coração ansioso paga um alto preço por ser assim. A palavra "preocupação" provém de um termo grego que significa "dividir a mente". A ansiedade nos divide exatamente ao meio e cria uma mente inconstante. Em vez de afastar as preocupações do amanhã, ela esgota as forças de hoje. A percepção dividida distorce a nossa visão. A força dividida nos faz desperdiçar energia. Quem pode se dar o luxo de perder força?

Mas como deixar de agir assim? Paulo tem uma dupla resposta: a parte de Deus e a nossa parte. Nossa parte inclui a oração e a gratidão. "Não andem ansiosos por coisa alguma, mas em tudo, pela *oração* e súplicas, e com *ação de graças*, apresentem seus pedidos a Deus" (Filipenses 4:6, grifo do autor).

A parte de Deus? "A paz de Deus, que excede todo o entendimento, guardará o coração e a mente de vocês em Cristo Jesus" (Filipenses 4:7).

O que acontece quando substituímos as nossas preocupações por oração e gratidão?

Os testemunhos de Deus

Os testemunhos do Senhor são dignos de confiança,
e tornam sábios os inexperientes.
Salmos 19:7

Uma pequena semente está se tornando uma árvore frondosa. Uma fina haste se ergue da terra. Um arco-íris está se formando em meio aos trovões.

"Os testemunhos do Senhor" escreveu Davi, "tornam sábios os inexperientes."

Os testemunhos de Deus. Quando foi a última vez que você os percebeu? Uma caminhada pelo verde dos campos. Uma hora ouvindo as gaivotas ou admirando as conchas na praia. Ou observando os raios de sol a iluminar a neve numa manhã fria de inverno.

Precisamos deixar de lado as canetas por alguns dias e fazer uma pausa em nossos comentários, deixar o escritório ou a biblioteca para entender e crer realmente no milagre da cruz. Contudo, faríamos muito melhor se todos os dias testemunhássemos os milagres de Deus.

Quais os benefícios de uma simples caminhada pela natureza para admirar as obras das mãos de Deus?

Livres para entrar em sua presença

Depois de ter bradado novamente em alta voz, Jesus entregou o espírito. Naquele momento, o véu do santuário rasgou-se em duas partes, de alto a baixo.

Mateus 27:50-51

É como se mãos celestes estivessem segurando o véu, esperando aquele momento. Imagine o tamanho do véu: 18 metros de altura e 9 metros de largura. Num minuto, estava inteiro e no minuto seguinte apareceu rasgado em dois, de alto a baixo. Sem protelação. Sem hesitação.

Qual o significado do véu rasgado? Para os judeus, significava que não existia mais barreira entre eles e o Santo dos Santos. Sem sacerdotes para atuar como intermediários entre eles e Deus. Sem sacrifícios de animais para perdoar os pecados.

E para nós, o que o véu rasgado significa?

Que somos bem-vindos à presença de Deus — qualquer dia, a qualquer hora. Deus removeu a barreira que nos separava dele. Ele removeu o véu.

Somos bem-vindos à presença de Deus — qualquer dia, a qualquer hora. Lembre algumas das vezes em que você esteve na presença dele hoje.

O AMOR FAZ A DIFERENÇA

Aquele a quem pouco foi perdoado, pouco ama.
LUCAS 7:47

Podemos substituir a palavra "perdoado" por "aceito" e ainda assim manter a integridade do texto: "Aquele que é pouco aceito, pouco ama." Se Deus fosse insensível e injusto, como iria tratar as pessoas? Com insensibilidade e injustiça. Entretanto, se descobrirmos que Deus nos cobriu com um amor incondicional, isso não faria diferença?

O apóstolo Paulo diria que sim! Pense numa guinada. Ele passou de perseguidor a bichinho de estimação. Paulo a.C. (antes de Cristo) fervia de raiva. Ele "devastava a igreja" (Atos 8:3). Paulo d.C. (depois de Cristo) transbordava de amor.

Seus acusadores o espancavam, prendiam, ridicularizavam. Mas você consegue apontar uma ocasião em que ele reagiu à altura? Uma crise de mau humor? Uma explosão de ira? *Era um homem diferente agora.* A ira desapareceu. Sua paixão é forte. Sua devoção é inquestionável. Acessos de raiva? Coisa do passado.

O que fez a diferença? Ele encontrou a Cristo.

De que maneiras o encontro com
Cristo mudou a sua vida?

A orientação correta

Amados, insisto em que, como estrangeiros
e peregrinos no mundo...
1Pedro 2:11

Seu Pastor sabe que você não foi feito para esse lugar. Ele sabe que você não foi feito para viver aí. Por isso, veio guiá-lo.

Ele veio restaurar a sua alma. E é a pessoa perfeita para fazer isso.

Ele tem a visão correta. Veio lembrá-lo de que você é "estrangeiro e peregrino" neste mundo. E insiste em que você tire os olhos da selva ao seu redor e olhe para o céu acima.

Ele também tem a orientação correta. Ele fez a declaração mais corajosa da história humana quando disse: "Eu sou o caminho" (João 14:6). As pessoas ficavam imaginando se essa declaração era correta. Ele respondeu aos questionamentos abrindo caminho através da vegetação rasteira do pecado e da morte... e escapou com vida. Foi ele quem fez isso. Por isso, é o único que pode nos ajudar a fazer o mesmo.

Somos "estrangeiros e peregrinos no mundo".
Qual o significado dessa frase? Por que
precisamos que Deus nos guie no dia a dia?

Lembre-se de Jesus

Lembre-se de Jesus Cristo, ressuscitado dos mortos [...] conforme o meu evangelho.

2Timóteo 2:8

Numa carta escrita pouco antes que a lâmina afiada lhe cortasse a cabeça, Paulo pede a Timóteo que se lembre. Você quase pode ver o velho guerreiro sorrindo ao escrever estas palavras: "Lembre-se de Jesus Cristo, ressuscitado dos mortos [...] conforme o meu evangelho."

Se os tempos ficarem difíceis, lembre-se de Jesus. Se as pessoas não o escutarem, lembre-se de Jesus. Quando as lágrimas chegarem, lembre-se de Jesus. Quando a frustração lhe fizer companhia na cama, lembre-se de Jesus.

Lembre-se de que a santidade está conectada à humanidade. Lembre-se do doente curado por mãos calejadas e do defunto chamado da morte por uma voz com sotaque galileu. Lembre-se dos olhos de Deus que choraram lágrimas humanas.

Explique por que é sempre melhor esquecer as coisas negativas e se concentrar em Jesus.

Deus e sua família de amigos

[Deus] em amor nos predestinou para sermos adotados como filhos, por meio de Jesus Cristo, conforme o bom propósito da sua vontade.

Efésios 1:5

Deus oferece a você uma família formada por amigos, e amigos que são a sua família —a Igreja. Quando você deposita a sua confiança em Cristo, ele não só o perdoa como o inclui em sua família de amigos.

"Família" é uma palavra que excede qualquer outro termo da Bíblia na descrição da Igreja. As palavras "irmãos" ou "irmãos e irmãs" aparecem espantosas 148 vezes entre os livros de Atos e Apocalipse.

Deus cura a sua família por meio de sua família. Na Igreja, usamos os nossos dons para amar uns aos outros, honrar uns aos outros, vigiar os encrenqueiros e carregar os fardos uns dos outros.

Cristo nos introduziu em sua família de amigos. Cite algumas ocasiões em que você foi ajudado por membros da família de Deus. De que forma você poderia ajudar seus irmãos em Cristo?

UM MANTO DE AMOR

O amor [...] tudo suporta.
1CORÍNTIOS 13:4,7

Quando Paulo diz: "O amor tudo suporta", ele pode estar se referindo a um manto. Um estudioso acha que sim. *The Theological Dictionary of the New Testament* [Dicionário teológico do Novo Testamento] é conhecido por sua análise das palavras, não pela sua poesia. Mas esse estudioso parece fazer poesia ao explicar o significado da palavra "protege" ("suporta", na NVI), conforme empregada nesse versículo: segundo ele, ela transmite "a ideia de cobrir com um manto de amor".

Lembra-se de ter recebido proteção alguma vez? Você estava nervoso por causa da prova, e o professor ficou até mais tarde para ajudá-lo. Você estava longe de casa e com medo, e a sua mãe telefonou para consolá-lo. Você foi acusado injustamente, e um amigo ficou do seu lado para defendê-lo. Coberto com coragem. Coberto com cuidado amoroso. Coberto com proteção. *Coberto com um manto de amor.*

Cite algumas ocasiões em que você foi coberto com um "manto" de amor. Cite algumas ocasiões em que você cobriu alguém com um "manto" de amor.

O QUE É GRAÇA?

Minha graça é suficiente para você, pois o meu poder se aperfeiçoa na fraqueza.
2CORÍNTIOS 12:9

O que é graça? É algo que alguém nos dá por causa da bondade do coração dele, não pela perfeição do nosso. A história da graça é a boa-nova de que quando nos aproximamos, recebemos algo. É isso que é a graça.

A graça é algo que você não espera. Algo que com certeza nunca conseguiria. Mas é também algo que você jamais recusará.

Sabe o que acontece quando alguém é contemplado com a graça de Deus? Quando alguém realmente experimenta a graça misericordiosa e libertadora de Deus? Quem experimenta a graça de Deus se torna o trabalhador mais esforçado, o indivíduo de moral mais pura, a pessoa mais disposta a perdoar.

A generosa graça de Deus muda a nossa vida para melhor. Diga como a sua vida mudou por causa da graça de Deus.

A VIDA NÃO É JUSTA

Ame o seu próximo como a si mesmo.
GÁLATAS 5:14

Enquanto você odiar o seu inimigo, a porta da cela permanecerá fechada, e um prisioneiro será mantido ali. Mas quando você tenta compreender e libertar o inimigo desse ódio, o prisioneiro é libertado também. E esse prisioneiro é você.

Talvez você não aprecie a ideia. Talvez o perdão não seja um conceito realista. Talvez a proposta de tentar compreender todos os Judas deste mundo seja idealista demais.

Minha resposta está numa pergunta.

O que você sugere? Abrigar a raiva resolverá o problema? Conseguirá a vingança extinguir a dor? Poderá o ódio fazer algum bem? Entenda, não estou minimizando o seu sofrimento nem justificando as ações de ninguém. Estou dizendo que a justiça não tem lugar neste lado da eternidade. E, nesse processo, querer que o seu inimigo tenha uma parcela desse sofrimento será algo ainda mais doloroso para você.

Posso lembrá-lo gentilmente de uma coisa que você já sabe, mas esqueceu?

A vida não é justa. Isso não é ser pessimista: é um fato.

Explique por que sofremos quando abrigamos o ódio.

Fidelidade

Quem é fiel no mínimo também é fiel no muito.
Lucas 16:10 (arc)

Há um denominador comum em qualquer forma de grandeza — a fidelidade.

É o pão com manteiga de todas as realizações. É o ingrediente compartilhado por aqueles que alcançam o sucesso profissional, um lugar na galeria da fama e o jubileu de ouro. É a qualidade que produz não heróis efêmeros, mas vidas monumentais.

A Bíblia também tem disso. Consistentes e previsíveis, os santos bíblicos foram impulsionados pela firme convicção de terem sido chamados por ninguém menos que o próprio Deus. Como resultado, a obra deles não foi afetada por mau humor, dias nublados ou caminhos pedregosos. O gráfico de sua *performance* não é um sobe e desce irregular de montanha-russa. Eles não eram viciados em elogios e abraços nem se intimidavam diante de patrões severos ou da carteira vazia. E, como a lealdade deles não era determinada pelo conforto, eles se mostraram tão fiéis nas prisões escuras quanto nos púlpitos iluminados.

Como você tem sido beneficiado por pessoas consistentes e previsíveis, que servem fielmente a Deus e ao próximo?

Ouça a música dele

O Senhor disciplina a quem ama.
Hebreus 12:6

Oh, como Deus deseja que você ouça a música dele!

Ele tem um ritmo que tocará o seu coração e uma letra que o levará às lágrimas. Quer viajar até as estrelas? Ele pode levá-lo até lá. Quer se deitar em paz? A música dele pode acalmar a sua alma.

Antes, porém, ele precisa se livrar daquele lance de música *country*. (Perdão, Nashville! É só um exemplo.)

Ele começa jogando fora os CDs. Um amigo vira as costas. Esse trabalho foi malfeito. O cônjuge não entende. A igreja é sem graça. Ele elimina as opções, uma a uma, até que Deus é tudo que resta.

Ele faria isso? Claro que sim. Se precisar silenciar cada voz, ele o fará. Ele quer que você ouça a música dele.

Deus elimina as opções, uma a uma, até ele ser tudo que resta. Você conhece alguém que ainda esteja insistindo em outra opção? Escreva uma oração a favor dessa pessoa.

Amado por Deus

O Senhor os amou.
Deuteronômio 7:8

Deus o ama simplesmente porque ele quer assim.

Ele o ama quando você não se sente tão encantador.

Ele o ama quando ninguém mais ama você. Os outros podem abandonar ou ignorar você. Seu cônjuge pode pedir o divórcio. Mas Deus o amará. Sempre. Não importa o que aconteça.

Este é o sentimento dele: "Chamarei 'meu povo' a quem não é meu povo; e chamarei 'minha amada' a quem não é minha amada" (Romanos 9:25).

Este é o compromisso dele: "Eu a amei com amor eterno; com amor leal a atrai" (Jeremias 31:3)

Você sabe o que isso também significa? Que você tem uma fonte profunda de amor, de onde poderá extraí-lo. Quando achar difícil amar, basta tomar um gole dessa fonte! Beba à saciedade. Todos os dias.

O amor inesgotável de Deus é uma fonte profunda que pode nos ajudar a amar os outros. Cite algumas circunstâncias em que você precisou buscar amor nesse poço.

"Você é meu!"

Nós estamos naquele que é o Verdadeiro,
em seu Filho Jesus Cristo.

1João 5:20

Deus conhece toda a sua história, desde a primeira palavra até o último suspiro, e, com evidente determinação, ele declara: "Você é meu!"

Meu editor tomou uma decisão semelhante com relação a este livro. Antes de concordar em publicá-lo, ele leu cada palavra. Múltiplos conjuntos de olhos editoriais percorreram o manuscrito, gemendo com as minhas piadas ruins, tentando harmonizar as minhas palavras e sugerindo um ajuste aqui, outro ali. Jogávamos as páginas um para o outro, escritor para editor, editor para escritor, até que finalmente nós dois concordamos: "É isto." Chegou a hora de publicar ou deixar para lá. Observe que o editor poderia ter desistido. Às vezes, os editores fazem isso. Mas neste caso é óbvio que isso não aconteceu. Com perfeito conhecimento deste imperfeito produto, eles assinaram o contrato. O que você está lendo pode lhe causar surpresa, mas não a eles.

O que você faz pode surpreender qualquer pessoa, mas não a Deus. Com um perfeito conhecimento de sua vida imperfeita, Deus assinou o contrato com você.

Deus conhece toda a sua história, desde a primeira palavra até o último suspiro. Você é dele. Que sentimento positivo isso pode ocasionar em sua vida?

Ame os excluídos

Sejam todos humildes.
1Pedro 5:5

O ato de servir não exige habilidade especial ou diploma de seminário. Independentemente de sua força, treinamento ou tempo de fé, você pode amar os excluídos.

Jesus está sentado em sua sala de aula. Usa lentes grossas e roupas fora de moda e tem um semblante triste. Você já o viu antes. Ele é Jesus.

Jesus trabalha em seu escritório. Grávida outra vez, ela chega tarde e cansada ao trabalho. De acordo com os rumores ao pé do bebedouro, ela nem sabe quem é o pai. Você já a viu antes. Ela é Jesus.

Quando conversa com o aluno solitário ou ajuda uma mãe cansada, você ama a Jesus. Ele veste a roupa dos excluídos e ignorados. "O que vocês fizeram a algum dos meus menores irmãos, a mim o fizeram" (Mateus 25:40).

Cite algumas pessoas que você encontra no dia a dia e que são excluídas ou ignoradas. Pense numa maneira de se aproximar delas.

ABRIL

O SENHOR é o meu pastor; de nada terei falta.

SALMOS 23:1

O NOME DE DEUS

O SENHOR é o meu pastor; de nada terei falta.
SALMOS 23:1

"Você quer saber quem Deus realmente é?", pergunta Davi. "Então leia isto." E ele escreve o nome Jeová. "Jeová é o meu pastor."

Embora estranho para nós, era um nome importante para Davi. Aliás, tão importante que Davi escolheu Jeová, em vez de El Shaddai ("Deus todo-poderoso"), El Elyon ("Deus altíssimo") ou El Olam ("Deus eterno") e de muitos outros títulos divinos que estavam à disposição. Consideradas todas as opções, Davi escolheu Jeová.

Por que Jeová? Porque Jeová é o nome de Deus. Você pode me chamar de pregador, escritor ou tenista de meia-tigela, todas elas descrições são bastante precisas, mas não são o meu nome. Posso chamá-lo de papai, mamãe, doutor ou aluno, e esses termos podem descrevê-lo adequadamente, mas não são o seu nome. Se você quiser me chamar pelo meu nome, diga Max. Se eu for chamá-lo pelo seu nome, terei de pronunciá-lo. E, se você quiser chamar Deus pelo nome dele, diga Jeová.

Deus deseja nos chamar pelo nome. Ele quer que tenhamos um relacionamento pessoal com ele. Por que essa divina amizade é exclusiva do cristianismo?

Homem de dores

Foi desprezado e rejeitado pelos homens, um homem de dores e experimentado no sofrimento.

Isaías 53:3

O cenário é bastante singelo, e você irá reconhecê-lo imediatamente. Um bosque de oliveiras retorcidas. O solo coberto por grandes rochas. Uma fenda na pedra.

Está vendo aquele vulto solitário? Estendido no chão. O rosto coberto de sujeira e de lágrimas. Os punhos esmurrando a terra árida. Os olhos abertos num estupor de medo. Os cabelos molhados de suor. É sangue o que vemos em sua testa?

Esse é Jesus. Jesus no jardim do Getsêmani.

Estamos vendo um Jesus em agonia, no limite da tensão e do esforço. Vemos um "homem de dores". Vemos um homem lutando contra o medo, combatendo com tenacidade e ansioso por um alívio.

Ver Deus assim faz maravilhas pelo nosso sofrimento. Deus nunca foi tão humano quanto nessa hora. E a encarnação jamais se manifestou tão plenamente como naquele jardim.

Jesus agonizou em oração, no limite da tensão e do esforço. De que forma isso pode encorajar você em suas orações?

Paciência oferecida gratuitamente

O fruto do Espírito é amor, alegria, paz, paciência...
Gálatas 5:22

Se você acha a paciência uma coisa difícil de se conceder, então deveria se perguntar: quão embebido estou com a paciência de Deus? Você já ouviu falar dela, já leu sobre o assunto. Talvez tenha sublinhado na Bíblia algumas passagens relacionadas ao tema. Mas será que a recebeu? A evidência está na medida de paciência que você tem. A paciência recebida resulta em paciência oferecida gratuitamente...

Deus faz mais que exigir paciência de nós: ele a oferece a nós. Ela é um fruto do Espírito. Está pendurada na árvore de Gálatas 5:22: "O fruto do Espírito é amor, alegria, paz, paciência..." Você já pediu a Deus algum fruto? Bem, eu pedi uma vez, mas... Mas o quê? Será que você se mostrou, digamos, impaciente? Peça-lhe outra vez, e outra, e outra. Ele não perderá a paciência com os seus pedidos, e você receberá a paciência por meio da oração.

A maioria de nós não gosta de aprender lições de paciência. Cite uma ocasião em que Deus ensinou paciência a você.

Uma obra de arte de Deus

Somos criação de Deus.
EFÉSIOS 2:10

Há mais de cem anos, um grupo de pescadores descansava num hotel à beira da praia, na Escócia. Um dos homens fez um gesto com o braço e bateu sem querer na bandeja do garçom, arremessando o bule de chá contra as paredes brancas da sala. Ao ver o estrago, o gerente do hotel suspirou:

— Vou ter de pintar a parede toda!

— Talvez não. Deixe-me cuidar disso — ofereceu-se um estranho.

Sem nada a perder, o proprietário concordou. O homem então pegou alguns lápis, pincéis e tintas de uma caixa de trabalho. E, pouco depois, começou a surgir a imagem de um veado com uma grande galhada. O homem assinou embaixo, pagou a refeição e foi embora. Seu nome: Sir Edwin Landseer, famoso pintor da vida selvagem.

Pelas mãos dele, um erro se transformou numa obra de arte. As mãos de Deus fazem o mesmo o tempo todo. Ele retoca as manchas embaralhadas de nossa vida e dá a elas uma expressão de seu amor.

Nas mãos de Deus, um erro se transforma numa obra de arte. O que isso significa para você pessoalmente?

A CRUZ SEMPRE À VISTA

Cristo sofreu pelos pecados uma vez por todas, o justo pelos injustos, para conduzir-nos a Deus.

1 PEDRO 3:18

Um dos pontos de referência de Londres é Charing Cross. Fica perto do centro geográfico da cidade e serve como ponto de referência para quem se perde nas ruas.

Uma menina achava-se perdida naquela grande cidade e foi encontrada por um guarda. Entre soluços e lágrimas, ela explicou que não sabia mais como voltar para casa. Ele perguntou se ela sabia o endereço, e a menina respondeu que não. Perguntou o número do telefone. Também não. Mas quando perguntou o que ela sabia, o rosto da menina iluminou-se.

"Eu conheço a Cruz", ela disse. "Se você me mostrar a Cruz, eu consigo achar o caminho de casa!"

Você também pode. Mantenha a cruz visível em seu horizonte e sempre encontrará o caminho de casa.

Cite maneiras práticas de manter "a cruz visível" no horizonte do seu dia a dia.

Você é único

Não sejamos presunçosos, provocando uns aos outros e tendo inveja uns dos outros.

Gálatas 5:26

Deus fez você único.

O pensamento secular, como um todo, não acredita nisso. A sociedade mundana não vê um autor por trás do livro, um arquiteto por trás da casa, um propósito por trás ou além da vida. Ela diz simplesmente: "Você pode ser o que quiser."

Você pode ser açougueiro, se quiser, ou representante de vendas, se preferir. Pode até ser um embaixador, se você se dedicar bastante. Mas será que isso é possível? Se Deus não pôs em você o senso de carniceria do açougueiro, as habilidades do vendedor ou a visão de mundo de um embaixador, poderia você ser um deles? Como pessoa infeliz e insatisfeita, talvez. Mas como pessoa realizada? Não. Pode a semente do carvalho produzir uma rosa, a baleia voar, o chumbo se transformar em ouro? Definitivamente não. Você não pode ser o que quiser. Mas pode ser o que Deus quer que você seja.

Você acha que pode ser o que quiser na vida? Por quê?

Ele andou entre nós

Não temos um sumo sacerdote que não possa compadecer-se das nossas fraquezas, mas sim alguém que, como nós, passou por todo tipo de tentação, porém, sem pecado.
Hebreus 4:15

Quando Deus quis se revelar, ele decidiu (surpresa!) assumir um corpo humano. A língua que chamou o morto era humana. A mão que tocou o leproso tinha sujeira sob as unhas. Os pés sobre os quais a mulher chorou eram calosos e empoeirados. E as lágrimas... oh! Não vamos esquecer as lágrimas! Elas vinham de um coração dolorido, como o meu ou o seu jamais esteve.

"Não temos um sumo sacerdote que não possa compadecer-se das nossas fraquezas."

Por isso, as pessoas o procuravam. Meu Deus, e como o assediavam! Vinham consultá-lo à noite, tocavam-no quando ele andava na rua, seguiam-no até o mar, convidavam-no para visitar as suas casas e colocavam os filhos aos pés dele. Por quê? Porque ele se recusava a ser uma estátua numa catedral ou um sacerdote num púlpito elevado. Em vez disso, ele preferia ser Jesus.

Deus escolheu se tornar humano na pessoa de Jesus. Ele escolheu as lágrimas humanas. Como isso afeta a sua maneira de orar?

Tente outra vez

Mestre, esforçamo-nos a noite inteira e não pegamos nada.
Lucas 5:5

Você tem uma rede furada, molhada ou vazia?

Conhece a sensação de passar a noite acordado sem produzir nada? Claro que sim! O que você está tentando pegar?

Solvência? "Minha dívida é como uma bigorna pendurada no meu pescoço."

Fé? "Quero crer, mas..."

Cura? "Estou doente há tanto tempo!"

Um casamento feliz? "Não importa o que eu faça..."

Trabalhei a noite toda e não apanhei nada.

Você já sentiu o mesmo que Pedro. Você já se sentou no mesmo lugar de Pedro. E agora Jesus está mandando você pescar de novo. Ele sabe que a sua rede tem voltado vazia. Sabe que o seu coração está cansado. Sabe que você quer apenas dar as costas para toda essa bagunça e chamar isso de uma vida.

Mas ele insiste: "Não é tarde demais para tentar outra vez."

Talvez a resposta de Pedro o ajude a achar uma resposta. "Porque és tu quem está dizendo isto, vou lançar as redes" (v. 5).

Como você poderia descrever a "rede vazia" de sua vida? O que Deus gostaria que você fizesse com ela? O que você vai fazer a respeito?

O NOSSO DÓ MÉDIO

Eu, o SENHOR, não mudo.
MALAQUIAS 3:6

Na época em que Lloyd Douglas, autor do livro *O manto de Cristo* e de outros romances, frequentou o colégio, ele morava numa pensão. Um professor de música aposentado e preso a uma cadeira de rodas morava no primeiro andar. Toda manhã, Douglas espichava a cabeça para dentro do apartamento dele e fazia a mesma pergunta: "Quais são as novidades?" O velho professor pegava um diapasão, batia no lado da cadeira e dizia: "Isto é dó médio". Ontem também foi dó médio, e será dó médio amanhã. Será o mesmo dó médio daqui a mil anos. O tenor que mora no andar de cima canta em dó menor. O piano que fica no corredor está desafinado, meu amigo, mas é dó médio.

Você e eu precisamos de um dó médio. Não acha que já passou por mudanças suficientes na vida? Os relacionamentos mudam, a saúde muda, o tempo muda. Mas Jeová, que governou a terra na noite passada, é o mesmo que governa a terra hoje. As mesmas convicções. A mesma disposição. O mesmo amor. Ele nunca muda.

O mundo à nossa volta muda diariamente, se não a cada momento. O fato de Deus não mudar nunca lhe traz algum conforto? Por quê?

Seja bom consigo mesmo

Sejam bondosos e compassivos uns para com os outros, perdoando-se mutuamente, assim como Deus os perdoou em Cristo.

Efésios 4:32

Nosso Pai celestial é bom para nós. E, se ele é assim tão bom, não podemos ser um pouquinho melhores com nós mesmos? *Ah, mas você não me conhece, Max! Não conhece os meus defeitos nem os meus pensamentos. Não conhece as mágoas que vivo remoendo nem ouviu as minhas lamúrias.* Não, eu não. Mas ele, sim. Ele sabe tudo a seu respeito, e isso não o impede de ser bom para você. Mesmo conhecendo todos os seus segredos, alguma vez ele negou uma promessa ou exigiu um presente?

Não, ele é bom para você. Então, por que você não pode ser bom consigo mesmo? Ele perdoa os seus erros. Por que você não faz o mesmo? Ele está certo de que o amanhã é digno de ser vivido. Por que você não concorda? Ele acredita em você o bastante para chamá-lo de seu embaixador, seu seguidor e até de seu filho. Por que não acatar a sugestão e começar a acreditar em si mesmo?

Você tem dificuldade para ser bom consigo mesmo? Para acreditar em si mesmo? Como você poderia ser o benfeitor de si mesmo?

Feito à sua imagem

Disse Deus: "Façamos o homem à nossa imagem."
Gênesis 1:26

Imagine a criatividade de Deus. A despeito de tudo que ignoramos acerca da criação, de uma coisa temos certeza: ele fez isso sorrindo. Ele deve ter tido uma explosão de ideias. Pintar as listras da zebra, pendurar as estrelas no céu, cobrir de ouro o pôr do sol. Quanta criatividade! Esticar o pescoço da girafa, acelerar as batidas das asas do beija-flor, implantar a risadinha na hiena.

Como ele se divertiu! Assim como o carpinteiro assobia feliz na oficina, ele amou cada momento daquilo. Ele se derramou no trabalho. Tão intensa foi a sua criatividade que separou um dia no final da semana para descansar.

Então, para finalizar a sua magnífica obra, ele fez o homem. Seguindo o seu instinto criativo, ele partiu de um montículo de sujeira inútil e chegou a um espécime de valor inestimável chamado homem. O homem que teve a honra singular de ostentar o selo: "Criado à imagem de Deus."

Você consegue imaginar Deus sorrindo ao criar o mundo? Faça uma lista das coisas que você acredita terem sido as mais divertidas para ele criar.

Deus entra em nossa vida

Já não sou eu quem vive, mas Cristo vive em mim.
Gálatas 2:20

Você tem folhas para varrer. Um leme para controlar. A mão do vizinho para apertar. Simplificando, você tem coisas a fazer.

Deus também. Os bebês precisam ser acalentados. Os filhos precisam ser postos na cama. Os órfãos da AIDS precisam de um lar. Os executivos estressados precisam de esperança. Deus tem muito trabalho a fazer. E, para isso, ele usa as nossas mãos.

O que a mão é para a luva, o Espírito é para o cristão. Deus entra em nós. Às vezes, de maneira imperceptível. Outras vezes, de modo inesperado. Deus vai pondo os dedos em nossa vida, centímetro por centímetro, reclamando o território que é seu por direito.

Sua língua. Ele a requisita para proclamar a mensagem dele.

Seus pés. Ele os reclama para algum propósito.

Sua mente? Ele a fez e pretende usá-la para a glória dele.

Seus olhos, sua face, suas mãos? Por meio deles, ele irá chorar, sorrir e tocar.

Que áreas de sua vida Deus está usando para proclamar a mensagem dele? Que outras áreas pertencem a ele por direito?

Uma boa escolha

Aproximemo-nos de Deus com um coração sincero e com plena convicção de fé.
Hebreus 10:22

Que bom seria se Deus nos deixasse escolher a nossa vida como escolhemos os pratos num restaurante. Vou querer uma saúde de ferro e um QI elevado. Dispenso as habilidades musicais, mas exijo um metabolismo rápido. Seria mesmo muito bom. Mas isso não acontece. Quando se trata de sua vida na terra, você não tem escolha, nem a chance de dar uma opinião ou votar.

Mas quando se trata da vida após a morte, você tem. No meu livro, isso parece uma grande coisa, não concorda?

Existiria um privilégio maior que a escolha? Esse privilégio não serve apenas para compensar injustiças: o dom do livre-arbítrio pode compensar qualquer erro.

Você já fez algumas escolhas erradas na vida, não é? Já escolheu amigos errados, talvez a carreira errada ou mesmo a esposa errada. Você olha para trás e suspira: "Quem me dera eu pudesse corrigir aquelas escolhas erradas!" Mas você pode. Uma boa escolha para a eternidade compensa mil escolhas erradas na terra. A escolha é sua.

Deus permite que nós mesmos façamos as escolhas importantes. Explique por que isso é um grande privilégio.

A DECISÃO É SUA

Eis que estou à porta e bato. Se alguém ouvir a minha voz e abrir a porta, entrarei.
APOCALIPSE 3:20

Talvez você tenha visto o quadro de Holman Hunt que retrata Jesus. Arcada de pedra... paredes cobertas de hera... e Jesus, em pé, diante de uma sólida porta de madeira.

Essa imagem estava estampada numa Bíblia que carreguei muitas vezes quando menino. "Eis que estou à porta e bato. Se alguém ouvir a minha voz e abrir a porta, entrarei."

Anos mais tarde, li sobre uma curiosidade que existe nesse quadro. Holman Hunt intencionalmente deixou de fora uma coisa, e essa ausência só é percebida pelo olhar cuidadoso. Eu não havia percebido. Quando soube desse fato, fui conferir. Claro, não estava lá. Não havia fechadura na porta. Ela só podia ser aberta pelo lado de dentro.

Deus vem à sua casa, caminha até a porta e bate. Mas deixá-lo entrar é com você.

Você conhece alguém que tenha aberto a porta de sua vida para Jesus? Escreva uma oração a favor dele.

O SEPULCRO VAZIO

Ele não está aqui; ressuscitou [...] Venham ver o lugar onde ele jazia.
MATEUS 28:6

Seguir a Cristo exige fé, mas não uma fé cega. "Venham ver", convida o anjo. Vamos?

Olhe para o túmulo vazio. Você sabia que os inimigos de Cristo nunca discutiram essa ausência? Nenhum fariseu ou oficial romano enviou um contingente de volta ao local do sepultamento nem declarou: "O anjo estava errado. O corpo está aqui. Foi só um boato".

Teriam feito isso, se pudessem. Mas algumas semanas depois os discípulos ocupariam cada esquina da cidade de Jerusalém para anunciar que Cristo havia ressuscitado. Haveria maneira mais rápida de os inimigos da Igreja calarem os discípulos que mostrar o corpo frio e sem vida? Mas eles não tinham nenhum cadáver para exibir.

Isso explica o avivamento que houve em Jerusalém. Quando os apóstolos afirmavam que o túmulo estava vazio, o povo olhava para os fariseus, à espera de uma refutação. Mas eles não tinham com que refutar. Como disse A. M. Fairbairn muito tempo atrás: "O silêncio dos judeus era tão eloquente quanto as palavras dos cristãos."

Por que o túmulo vazio é um símbolo jubiloso para o cristianismo?

MOMENTOS ETERNOS

Trata com bondade o teu servo, SENHOR, conforme a tua promessa.

SALMOS 119:65

Momentos eternos. Você já os teve. Todos nós tivemos.

Dividir o balanço do quintal com o neto numa tarde de verão.

Ver o rosto da esposa à luz de uma vela.

Apoiar-se no braço do marido, caminhar entre as folhas douradas e respirar o vento fresco do outono.

Ouvir o filho de 6 anos agradecer a Deus por tudo, desde o peixinho dourado até a vovó.

Momentos assim são necessários, porque nos lembram de que tudo está bem. O Rei ainda está no trono, e ainda vale a pena viver a vida. Os momentos eternos também nos lembram de que o amor ainda é o bem mais valioso e que não é preciso temer o futuro.

Da próxima vez que um momento de sua vida começar a ser eterno, deixe que seja.

Cite alguns dos mais memoráveis e tocantes "momentos eternos" de sua vida. Quais os benefícios dessas recordações?

Existe apenas um "você"

Do seu trono ele observa todos os habitantes da terra; ele, que forma o coração de todos.
Salmos 33:14-15

Deus fez apenas um "você". Ele o fez e quebrou o molde. Cada bebê que nasce representa uma ideia única da mente de Deus.

Ninguém pode duplicar a sua vida. Você pode procurar na história a sua réplica, mas não irá encontrar. Deus fez você sob medida. "Criei para a minha glória, [...] formei e fiz" (Isaías 43:7). Não existe nenhum *backup* de você na área de trabalho de Deus. Você não é um dos muitos tijolos iguais empilhados pelo pedreiro nem um dos parafusos padronizados da gaveta do mecânico. Você é você. Não fosse assim, eu não conseguiria escrever para você, como estou fazendo. O mundo sofreria uma grande perda.

Você é o cometa Halley do céu: temos apenas uma chance de vê-lo brilhar.

Você é uma ideia nova com marca registrada na mente de Deus. Como você poderia honrar Aquele que fez a sua vida sob medida?

À SOMBRA DA CRUZ

Deus tornou pecado por nós aquele que não tinha pecado,
para que nele nos tornássemos justiça de Deus.

2CORÍNTIOS 5:21

Imagine a cena. Deus está em seu trono, e você, na terra. Entre você e Deus, suspenso no céu entre ambos, está Cristo na cruz. Seus pecados foram transferidos para Jesus. Deus, que castiga o pecado, deflagra a sua justa ira pelos seus erros. Jesus recebe o golpe. Como ele está entre você e Deus, o golpe não atinge você. O pecado foi castigado, mas você está salvo — salvo à sombra da cruz.

Foi isso que Deus fez, mas por quê? Dever moral? Compromisso celeste? Obrigação paterna? Não. Deus não tem obrigação de fazer coisa alguma.

O motivo da cruz? Deus ama o mundo.

"Você está salvo à sombra da cruz."
Explique o que isso significa.

Ore por tudo

Clame a mim no dia da angústia; eu o livrarei, e você me honrará.

Salmos 50:15

Quer se preocupar menos? Então, ore mais. Em vez de olhar para frente com medo, olhe para cima com fé. Essa ordem não é novidade para ninguém. Quanto à oração, a Bíblia nunca se envergonha. Jesus ensinou ao povo "que eles deviam orar sempre e nunca desanimar" (Lucas 18:1). Paulo aconselhou os crentes: "Dediquem-se à oração, estejam alerta e sejam agradecidos" (Colossenses 4:2). Tiago instruiu: "Entre vocês há alguém que está sofrendo? Que ele ore" (Tiago 5:13).

Em vez de se preocupar com tudo, ore por tudo. Tudo? Troca de fraldas e mudança de datas? Reuniões de negócios e canos entupidos? Procrastinações e prognósticos? Ore por tudo.

Você ora por tudo? Ou alguma coisa lhe parece trivial demais para merecer uma oração? Qual a vantagem de orar até pelas coisas mais insignificantes?

Escondido com Cristo

Agora a sua vida está escondida com Cristo em Deus.
Colossenses 3:3

A língua chinesa tem um símbolo maravilhoso para a verdade expressa nesse versículo. A palavra para "justiça" é a combinação de duas figuras. Em cima, está um cordeiro. Abaixo do cordeiro, está uma pessoa. O cordeiro cobre a pessoa. Não é esta a essência da justiça: Cristo, o Cordeiro, acima dos filhos de Deus? Toda vez que o Pai olha para você lá de cima, o que ele vê? Ele vê o seu Filho, o perfeito Cordeiro de Deus, escondendo você. Os cristãos são como o nosso antepassado Abel. Aproximamo-nos de Deus pela virtude do Cordeiro. Caim apresentou-se com o trabalho das próprias mãos. Deus o dispensou. Abel e nós nos apresentamos na dependência do sacrifício do Cordeiro, e fomos aceitos. À semelhança do ideograma chinês, estamos cobertos pelo Cordeiro, escondidos em Cristo.

Quando Deus olha para você, o que ele vê? Ele vê Jesus. E como ele reage ao ver Jesus? Seu brado fragmenta o céu e sacode a terra: "Tu és o meu Filho amado; em ti me agrado" (Marcos 1:11).

Quando Deus olha para você, ele vê Jesus.
Por que isso deveria deixar você feliz?

Ele se dá a nós

Eu estarei sempre com vocês, até o fim dos tempos.
Mateus 28:20

Conta-se que um homem participava de um safári na selva africana. O guia que caminhava à sua frente levava um facão e abria caminho entre as árvores e a vegetação espessa. Cansado e com muito calor, o viajante ficava perguntando, desconfiado: "Onde estamos? Você sabe para onde está me levando? Onde está a trilha?" A certa altura, o guia, um homem experimentado, parou, olhou para ele e respondeu: "Eu sou a trilha."

Nós também fazemos a mesma pergunta, não é? Perguntamos a Deus: "Para onde estás me levando?"; "Onde está a trilha?" E ele, assim como o guia, não explica. Sim, pode nos dar uma ou duas pistas, mas é tudo. E, se ele respondesse, será que entenderíamos? Saberíamos exatamente a nossa localização? Não. Assim como o viajante, não estamos familiarizados com a selva do mundo. Portanto, em vez de nos dar uma resposta, Jesus nos oferece algo muito melhor: ele mesmo.

Deus é a trilha da vida. Como ele tem conduzido você ao longo desse caminho?

Jesus oferece paz

Paz seja com vocês!

João 20:19

A Igreja de Cristo começou com um grupo de homens assustados num cenáculo de Jerusalém.

Embora houvessem acompanhado a Jesus durante três anos, *agora* estavam sentados ali... e com muito medo. Eram soldados tímidos, guerreiros relutantes e mensageiros calados.

Ousaram sonhar que seu Mestre lhes havia deixado uma palavra, um plano, uma orientação, mas agora recuavam.

Mas não sabiam que nem o sonho mais extravagante deles era tão extravagante assim. Quando alguém murmurou: "Não adianta", eles ouviram um ruído. Depois uma voz? "Paz seja com vocês!"

Aquele que fora traído procurou os seus traidores. E o que disse a eles? Não foi: "Bando de fracassados!" Ou: "Eu avisei!" Ou: "Onde estavam quando precisei de vocês?" Apenas uma frase: "Paz seja com vocês!" O que eles não tinham era exatamente o que ele oferecia: paz.

Já percebeu que os sonhos de sua vida são acanhados demais? Se você acreditasse nas promessas de Deus, como seriam os seus sonhos?

Somos uma família

Dediquem-se uns aos outros com amor fraternal.
Romanos 12:10

Uma crença comum identifica os membros da família de Deus. Um afeto comum une todos eles. Paulo apresenta esta regra de relacionamento à Igreja: "Dediquem-se uns aos outros com amor fraternal." O apóstolo faz aqui o trabalho de um artífice das palavras e encerra o versículo com termos gêmeos. Ele começa com *philostorgos* (*philos* significa "fraternal"; *storgos* significa "amor familiar") e termina com *philadelphia* (*phileo* significa "ternura"; *adelphia* significa "irmãos"). Uma estranha, mas precisa, tradução desse versículo seria: "Tenham uma devoção fraterna e familiar uns para com os outros de maneira fraterna e familiar". Se Paulo não se faz entender com o primeiro adjetivo, ele consegue com o segundo. Em ambos os casos, está nos lembrando de que a Igreja é a família de Deus.

Você não me escolheu. Eu não escolhi você. Você pode não gostar de mim. Eu posso não gostar de você. Mas como Deus nos escolheu e gosta de ambos, formamos uma família.

Os filhos de Deus são amigos e membros da mesma família. Faça uma lista de bênçãos e desafios decorrentes de pertencer a essa família.

O AMOR PROTEGE

O Senhor Deus fez roupas de pele e com elas vestiu Adão e sua mulher.

Gênesis 3:21

Essa simples frase sugere três cenas poderosas.

Cena 1. Deus mata um animal. Pela primeira vez na história da terra, o pó fica manchado de sangue. De sangue inocente. O animal não cometeu nenhum pecado. Essa criatura não merecia morrer.

Mas Adão e Eva sim. O casal merecia morrer, mas eles viveram...

Cena 2. A roupa é confeccionada. O moldador das estrela transformou-se em alfaiate.

Cena 3. Deus os veste. "O Senhor Deus [...] vestiu Adão e sua mulher."

Adão e Eva estão se mudando do jardim. Eles foram informados de que teriam de sair, mas antes Deus os faz parar. "Essas folhas de figueira", ele diz balançando a cabeça, "não servem para nada." Então confecciona algumas roupas. Depois, não joga as roupas aos pés deles para que eles vistam. Ele mesmo veste a ambos. Assim como o pai fecha o casaco do filho que está no jardim da infância, Deus os vestiu.

Deus vestiu e protegeu Adão e Eva, então ele nos veste e nos protege. Escreva algumas de suas experiências com a proteção divina.

Um pedido de socorro

Estamos recebendo o que os nossos atos merecem.
Mas este homem não cometeu nenhum mal.

Lucas 23:41

Nós somos culpados, ele é inocente. Nós somos imundos, ele é puro. Nós estamos errados, ele está certo.

Ele não está na cruz pelos pecados dele. Ele está ali pelos nossos pecados.

E, quando o pecador entende isso, o pedido parece-lhe natural. Olhando nos olhos de sua última esperança, ele pede o mesmo que qualquer cristão já pediu: "Jesus, lembra-te de mim quando entrares no teu Reino" (Lucas 23:42).

Sem sermões elaborados. Sem desculpas. Apenas um desesperado pedido de socorro.

Nesse ponto, Jesus realiza o maior milagre da cruz. Maior que o terremoto. Maior que rasgar o véu do Templo...

Ele realiza o milagre do perdão: "Eu lhe garanto: Hoje você estará comigo no paraíso" (Lucas 23:43).

Explique por que estender o perdão
a outros é um milagre.

Pense em sua casa

Meus irmãos, considerem motivo de grande alegria o fato de passarem por diversas provações, pois vocês sabem que a prova da sua fé produz perseverança.

Tiago 1:2

Deus não disse: "Se passarem por diversas provações." Ele disse: "Quando passarem por diversas provações." As provações fazem parte do pacote. Traição? Faz parte. Não se surpreenda quando acontecer. Não procure justiça aqui — procure onde Jesus procurou.

Embora atravessando o inferno, Jesus manteve os olhos no céu. Cercado de inimigos, manteve a mente sintonizada com o Pai. Abandonado na terra, manteve o coração em sua casa. "Chegará o dia em que vereis o Filho do homem assentado à direita do Poderoso e vindo sobre as nuvens do céu" (Mateus 26:64).

Quando todos à sua volta estiverem contra você, no céu estarão todos a seu favor. Para manter o equilíbrio num mundo injusto, pense em sua casa.

"Embora atravessando o inferno, Jesus manteve os olhos no céu." Como aplicar essa verdade à sua vida e à sua experiência?

Obrigado!

Amem o Senhor, todos vocês, os seus santos! O Senhor preserva os fiéis.
Salmos 31:23

Confiável. Essa palavra significa "ser responsável". Ser responsável muitas e muitas vezes.

Fico imaginando se este livro foi parar nas mãos de alguns santos contemporâneos interessados em confiabilidade. Se for o caso, não posso resistir à tentação de dizer algumas coisas.

Obrigado!

Obrigado, santos, por uma geração de orações e de caminhos desbravados!

Obrigado, mestres, pelas inúmeras lições de escola dominical preparadas e ministradas com ternura!

Obrigado, missionários, pela coragem de ensinar a infinita verdade numa língua estrangeira!

Obrigado, pregadores! Vocês pensavam que não estávamos ouvindo, mas se enganaram. E a insistente semeadura das sementes divinas está produzindo frutos que talvez vocês nem cheguem a ver deste lado da colheita.

Por que damos valor às pessoas que são confiáveis e responsáveis? De que forma Deus recompensa a confiabilidade.

Você não está sozinho

Não abandonarei [...] o meu povo.
1 Reis 6:13

O Senhor está conosco. E, pelo fato de ele estar por perto, tudo fica diferente. Tudo!

Você pode estar enfrentando a morte, mas não a enfrenta sozinho: o Senhor está com você. Você pode estar enfrentando o desemprego, mas não o enfrenta sozinho: o Senhor está com você. Pode estar enfrentando problemas conjugais, mas não os enfrenta sozinho: o Senhor está com você. Pode estar enfrentando as dívidas, mas não as enfrenta sozinho: o Senhor está com você.

Sublinhe estas palavras. *Você não está sozinho.*

Sua família pode se voltar contra você, mas Deus não. Seus amigos podem traí-lo, mas Deus não. Você pode se sentir sozinho no deserto, mas não está. Ele está com você.

"Você não está sozinho: Deus está com você."
Diga como esse pensamento faz você se sentir.
Que diferença ele pode fazer em sua vida?

Palavras que fortalecem

Nenhuma palavra torpe saia da boca de vocês, mas apenas a que for útil para edificar os outros, conforme a necessidade, para que conceda graça aos que a ouvem.

Efésios 4:29

Antes de falar, pergunte a si mesmo: "Será que o que vou dizer servirá para a edificação de quem vai ouvir?" Com as suas palavras, você pode tornar as pessoas mais fortes. As palavras são para a alma o que as vitaminas são para o corpo. Se você tem comida e vê alguém passando fome, não irá dividi-la com ele? Se tem água e vê alguém morrendo de sede, não irá também lhe dar um pouco? Claro que sim. Então, por que não faz o mesmo com o seu coração? Suas palavras são como o alimento e a água.

Não negue ânimo aos desanimados.

Não recuse encorajamento aos que se sentem abatidos.

Profira palavras que edifiquem e fortaleçam as pessoas. Acredite nelas, assim como Deus acreditou em você.

Você pode lembrar alguma ocasião em que as palavras exerceram um efeito positivo em sua vida? Faça uma lista de coisas que você poderia dizer para dar força a outras pessoas.

Ele sabe como você se sente

Tendo em vista o que ele mesmo sofreu quando tentado, ele é capaz de socorrer aqueles que também estão sendo tentados.

HEBREUS 2:18

Jesus esteve tão irado a ponto de purgar o Templo, tão faminto que comeu grãos crus, tão chateado que chorou em público, tão alegre que foi chamado de bêbado. Ele era simpático a ponto de cativar as crianças, e certa vez estava tão cansado que dormiu num barco chacoalhado por uma tempestade. Era tão desprendido das coisas materiais que precisou de uma moeda emprestada para ilustrar um sermão. Era tão radical que o expulsaram da cidade, mas também era do tipo responsável, que se preocupava com a mãe. Ele foi tentado ao limite, chegando a sentir o bafo de Satanás, e experimentou tanto medo que suou gotas de sangue.

Mas por quê? Por que teria o melhor Filho do céu suportado os piores sofrimentos da terra? Para que você soubesse que, "tendo em vista o que ele mesmo sofreu quando tentado, ele é capaz de socorrer aqueles que também estão sendo tentados".

Seja lá o que você esteja enfrentando, ele sabe exatamente como você se sente.

Deus não só conhece a sua dor e a sua luta: ele sabe exatamente como você se sente. Como essa verdade poderá mudar os seus pensamentos a respeito das circunstâncias da sua vida?

Maio

Aceite a instrução que vem da sua boca e
ponha no coração as suas palavras.

Jó 22:22

Saturado de amor

No amor não existe medo; antes, o perfeito amor lança fora o medo.
1João 4:18 (ARA)

Temos medo de ser rejeitados, por isso acompanhamos a multidão. Temos medo de não nos adaptar, por isso usamos drogas. Com medo de parecer alienados, vestimos o que todo mundo veste. Com medo de nos misturar, vestimos o que ninguém veste. Com medo de dormir sozinhos, dormimos com qualquer um. Com medo de não ser amados, procuramos o amor nos lugares errados.

Mas Deus afasta de nós todos esses temores. Quem está saturado de amor por Deus não se vende para conquistar o amor dos outros. Nem mesmo para conquistar o amor de Deus.

Você acha necessário? *Acha que, se xingar menos, orar mais, estudar mais e se dedicar mais, Deus o amará mais?* Dá para sentir o bafo de Satanás nessas palavras. Todos nós precisamos melhorar, mas para isso não precisamos suplicar o amor de Deus. Mudamos porque já temos o seu amor. O perfeito amor de Deus.

Você já não se encontrou tentado a conquistar o amor de Deus? Explique por que isso não funciona.

Ferido por palavras

Quando insultado, não revidava.
1 Pedro 2:23

Alguém que você ama ou respeita põe você para baixo com palavras duras, e lá está você, ferido e sangrando. Talvez as palavras tivessem a intenção de feri-lo, talvez não. Mas isso não importa. A mágoa é profunda. As feridas são internas. Coração partido, orgulho ferido, sentimentos dilacerados.

Se você sofreu ou está sofrendo por causa das palavras de alguém, ficará feliz em saber que existe um bálsamo para a sua aflição. Medite sobre as palavras de 1Pedro 2:23: "Quando insultado, [Jesus] não revidava." Em vez disso, "entregava-se àquele que julga com justiça".

Percebe o que Jesus fez? Ele deixou o julgamento nas mãos de Deus Pai. Não assumiu a tarefa de procurar vingança. Não exigiu desculpas. Em vez disso, falou em defesa deles: "Pai, perdoa-lhes, pois não sabem o que estão fazendo" (Lucas 23:34).

Por que o perdão é um bálsamo para o coração ferido?

SEGUINDO O NOSSO CAMINHO

Todos nós, tal qual ovelhas, nos desviamos, cada um de nós se voltou para o seu próprio caminho; e o S*ENHOR fez cair sobre ele a iniquidade de todos nós.*

ISAÍAS 53:6

Adão e Eva foram atraídos pelo silvo da serpente e pela primeira vez ignoraram a Deus. Eva não perguntou: "Deus, o que queres?" Adão não sugeriu: "Vamos consultar o Criador." Eles agiram como se não tivessem um Pai celestial. A vontade dele foi ignorada, e o pecado, revestido de morte, entrou no mundo.

O pecado vê um mundo sem Deus.

Onde vemos o pecado como uma simples tolice ou um passo em falso, Deus o vê como uma atitude ímpia que conduz a ações igualmente ímpias: "Todos nós, tal qual ovelhas, nos desviamos, cada um de nós se voltou para o seu próprio caminho." A mente pecaminosa dispensa a Deus. Seu conselho não é consultado. Sua opinião não é solicitada...

A ausência de um pensamento centrado em Deus significa um pensamento centrado na própria pessoa. O pecado passa a celebrar o eu.

Já houve ocasiões em sua vida em que você deixou o caminho de Deus para seguir o seu? Quais foram as consequências?

A LÍNGUA QUE DEUS FALA

Aceite a instrução que vem da sua boca e ponha no coração as suas palavras.

JÓ 22:22

Não há língua que Deus não possa falar. Isso nos leva a uma agradável pergunta. Em que língua ele está falando com você? Não me refiro a um idioma ou dialeto, mas ao drama diário de sua vida.

Há ocasiões em que ele fala a "linguagem da abundância". Seu estômago está satisfeito? Suas contas estão pagas? Ainda tem uns trocados no bolso? Não tenha tanto orgulho daquilo que você possui a ponto de não escutar o que precisa ouvir. Será que você tem o bastante para dar muito?

E quanto à "linguagem da aflição"? Ela fala num idioma que evitamos. Mas eu e você sabemos como Deus fala ternamente nas antessalas dos hospitais e junto ao leito dos doentes.

Deus fala todas as línguas — inclusive a sua. Em que língua Deus está falando com você?

Em que língua Deus está falando com você agora? Pense numa forma em que Deus nos fala, a despeito do que esteja acontecendo em nossa vida.

Uma fé ousada

Há alegria na presença dos anjos de Deus
por um pecador que se arrepende.
Lucas 15:10

Nossa fé não está na religião. Nossa fé está em Deus. Uma fé ousada e corajosa que acredita que Deus faz o que é certo o tempo inteiro. E que ele fará o que for preciso — seja o que for — para trazer os seus filhos de volta para casa.

Ele é o pastor à procura de sua ovelha. Suas pernas estão arranhadas, os pés estão machucados e os olhos estão ardendo. Ele escala os rochedos e atravessa os campos. Ele explora as cavernas. Põe as mãos em concha e grita através das montanhas.

E o nome que ele está chamando é o seu.

Ele é a dona de casa que procura a moeda perdida. Não importa que possua outras nove, não descansará enquanto não encontrar a décima. Ele procura pela casa. Arrasta os móveis, faz tudo que se possa esperar. É apenas uma, mas é importante. A moeda tem muito valor para ele. Ela lhe pertence, e ele não sossegará enquanto não a encontrar.

A moeda que ele procura é você.

Já aconteceu de Deus procurar você até encontrar? Como isso mudou a sua vida?

O CÉU DESCEU À TERRA

Desci dos céus, não para fazer a minha vontade, mas para fazer a vontade daquele que me enviou.

JOÃO 6:38

Não se trata de um messias medíocre. Sua história é extraordinária. Ele se proclamava divino, mas permitiu que um simples soldado romano lhe perfurasse o pulso com um prego. Ele exigia pureza, mas defendeu os direitos de uma prostituta arrependida. Ele convocava os homens a marchar, mas recusava ser aclamado rei. Ele enviou homens ao mundo inteiro, mas os equipou apenas com joelhos dobrados e lembranças de um carpinteiro ressuscitado.

Faz tempo que você não o vê? Se as suas orações parecem insípidas, é bem provável. Quando a sua fé vacila, talvez você só consiga ter uma visão embaçada dele. Se agora não encontra forças para enfrentar os problemas, talvez seja hora de olhar para ele.

Um aviso: algo sempre acontece com quem contempla a sua majestade. Uma rápida visão do Rei, e você será tomado pelo desejo de ver mais e de falar mais a respeito dele.

Que medidas você pode tomar para passar mais tempo na presença de Cristo?

Deus não tem princípio nem fim

Eu sou Deus, e não há nenhum outro; eu sou Deus, e não há nenhum como eu.

Isaías 46:9

Assim, como nenhum ato o fez nascer, ato nenhum pode matá-lo. Será que ele tem medo dos terremotos? Será que estremece diante de um furacão? Impossível. Jeová pode dormir durante a tempestade e acalmar o vento com uma palavra. O câncer não o preocupa, os cemitérios não o perturbam. Ele estava aqui antes deles, e estará aqui depois que se forem. Ele não teve princípio nem terá fim.

E ele está acima de tudo. Os especialistas podem orientar você na tempestade, mas você precisará de um Deus para acalmá-la. Os amigos podem segurar a sua mão no leito de morte, mas você precisará de um Jeová para derrotar a morte. Os filósofos podem discutir o sentido da vida, mas você precisará do Senhor que dá sentido a ela.

Você precisa de um Deus capaz de acalmar a tempestade. Que tormentas você já enfrentou nas quais precisou da paz de Deus?

SEM CLASSES SUPERIORES

Encontrado em forma humana, humilhou-se a si mesmo e foi obediente até à morte, e morte de cruz!

FILIPENSES 2:8

Jesus desarvora os figurões da igreja, os que se empoleiram no topo da escada espiritual e ali abrem as suas plumas — ternos caros, títulos, relógios de marca e assentos especiais. Jesus não aceita isso. E é fácil entender por quê. Como amar os outros, se os meus olhos só veem a mim? Como apontar para Deus se estou apontando para mim? E, o que é pior, como alguém poderá ver a Deus se fico o tempo todo exibindo a minha plumagem?

Jesus não dá espaço a classes superiores. Porque o amor "não se vangloria, não se orgulha" (1Coríntios 13:4).

A solução dele para o sistema das castas humanas? Uma mudança de rumo. Num mundo que se move em direção ao ápice, escolha o serviço. Incline-se para baixo, não para cima. "Considerem os outros superiores a si mesmos" (Filipenses 2:3). Foi o que Jesus fez.

Ele inverteu a posição das classes. Enquanto alguns estavam indo para cima, ele foi para baixo. "Humilhou-se a si mesmo, e foi obediente até à morte, e morte de cruz!"

Num mundo que se move em direção ao ápice, como você faria o caminho inverso para servir?

O PERDÃO SE SEGUE AO ERRO

Há muito tempo Deus falou muitas vezes e de várias maneiras aos nossos antepassados por meio dos profetas, mas nestes últimos dias falou-nos por meio do Filho.

HEBREUS 1:1-2

Deus, impulsionado pelo amor e dirigido pela divindade, surpreendeu a todos. Ele se fez homem. Num mistério indecifrável, disfarçou-se de carpinteiro e foi viver numa cidade poeirenta da Judeia. Determinado a provar o seu amor pela sua criação, transitou incógnito pelo mundo que era dele. Suas mãos calejadas tocaram feridas e as suas palavras compassivas tocaram corações.

Embora o ato da encarnação tenha sido belo, não foi o auge. Como um mestre da pintura, Deus reservou a sua obra-prima para o final. Todos os atos anteriores de amor conduziram e esse momento singular. Os anjos se apressaram, e os céus se quedaram imóveis para testemunhar o *gran finale*. Deus descobriu a tela, e o ato supremo de sua compaixão criativa foi revelado.

Deus numa cruz. O Criador sacrificado pela criação. Deus convenceu o homem de uma vez por todas de que ao erro segue-se o perdão.

A cruz é o ato supremo da compaixão. O que essa declaração significa para você? Como essa verdade afeta a sua vida?

A obra do Espírito

Se Cristo está em vocês, [...] o espírito está vivo.

Romanos 8:10

Receber o invisível não é fácil. A maioria dos cristãos acha mais fácil aceitar a cruz que o Espírito de Cristo. A Sexta-Feira Santa faz mais sentido que o Pentecostes. Cristo é o nosso substituto. Jesus tomou o nosso lugar. O Salvador pagou pelos nossos pecados. São conceitos surpreendentes, mas aceitáveis. Eles estão na esfera da transação e da substituição, território familiar para nós. Mas as discussões sobre o Espírito Santo nos levam ao reino do sobrenatural e do invisível. Então nos calamos e nos tornamos cautelosos, por medo do que não podemos ver ou explicar.

Vale a pena contemplar a obra do Espírito por esse ângulo. O que Jesus fez na Galileia é o que o Espírito Santo faz em nós. Jesus viveu entre o povo ensinando, consolando e convencendo. O Espírito Santo vive dentro de nós ensinando, consolando e convencendo.

Você está embaraçado em discussões sobre a obra do Espírito Santo? Por quê?

Perfeição sem costuras

Os soldados tomaram as roupas dele e as dividiram em quatro partes, uma para cada um deles, restando a túnica. Esta, porém, era sem costura, tecida numa única peça, de alto a baixo.

João 19:23

Talvez fosse a possessão mais preciosa de Jesus. Segundo a tradição judaica, a mãe deveria fazer esse tipo de túnica e dar de presente ao filho quando ele deixasse a casa paterna. Será que Maria fez essa túnica para Jesus? Não sabemos. O que de fato sabemos é que ela não tinha costura e era tecida inteiramente, de alto a baixo. E qual a importância disso?

Às vezes, as Escrituras comparam o nosso comportamento com as roupas que vestimos. Pedro nos instrui a nos revestirmos de humildade (1Pedro 5:5). Davi fala de gente má que veste "a maldição" (Salmos 109:18). As roupas podem simbolizar o caráter — e, de acordo com elas, o caráter de Jesus era íntegro. Harmônico. Unificado. Era igual à sua túnica: uma perfeição sem costuras.

Jesus era igual à sua túnica: uma perfeição sem costuras. Pense em alguns dos atributos de sua perfeição. Como eles poderão encorajá-lo em sua caminhada de fé?

O convite

Ó vós todos os que tendes sede, vinde às águas.
Isaías 55:1 (ARC)

Receber um convite significa ser honrado, tido em alta estima. Por isso, todo convite merece uma resposta gentil e solícita.

No entanto, os convites mais incríveis não são encontrados nos envelopes nem nos biscoitos da sorte: eles são encontrados na Bíblia. Você não lê muita coisa a respeito de Deus sem deparar com um convite. Ele convidou Eva a se casar com Adão, os animais a entrar na arca, Davi a ser rei, Israel a deixar a escravidão, Neemias a reconstruir Jerusalém. Deus gosta de fazer convites. Ele convidou Maria a dar à luz ao seu Filho, os discípulos a pescar homens, a mulher adúltera a recomeçar e Tomé a tocar as suas feridas. Deus é o Rei que prepara o palácio, arruma a mesa e convida os seus súditos a entrar.

Deus abre as portas e acena com a mão convidando os peregrinos a participar de uma mesa farta.

Mas o convite dele não é apenas para uma refeição: é para a vida toda. Um convite para fazer parte de seu Reino. E quem pode entrar? Quem quiser.

Faça uma lista dos benefícios decorrentes de se aceitar o convite de Deus.

Nossa situação

No devido tempo, quando ainda éramos fracos, Cristo morreu pelos ímpios.

Romanos 5:6

Deus fez por nós o que fiz por uma de minhas filhas numa loja do Aeroporto LaGuardia, em Nova York. O aviso acima de uma peça de cerâmica dizia: "Não toque." Mas a vontade era maior que o aviso, e ela tocou. E a peça caiu. Quando olhei, Sara, de 10 anos, segurava dois pedaços da miniatura de um arranha-céu da cidade de Nova York. Junto dela, estava um consternado vendedor. Acima deles, pairava o aviso. E entre os dois caíra um silêncio nervoso. Minha filha não tinha dinheiro. O vendedor não teria misericórdia. Então resolvi agir. "Quanto lhe devemos?", perguntei.

Como eu poderia estar devendo alguma coisa? Simples. Ela era minha filha. E, uma vez que ela não podia pagar, eu paguei.

Como você e eu não podemos pagar, Cristo pagou. E nós quebramos mais que um *souvenir*: partimos o coração de Deus.

Com a lei pendurada na parede e os mandamentos despedaçados no chão, Cristo se aproxima (como amigo) e se oferece para pagar (como Salvador).

Escreva uma nota de louvor a Deus pela dádiva do Filho.

Vendo a fonte

Quem me vê, vê o Pai.

João 14:9

Se alguém busca apenas popularidade, ele se tornará um espelho a refletir o que for preciso para obter aceitação. Embora se mantenha em evidência, será alguém vazio. Estará sempre na moda, mas será enfadonho.

Quem busca apenas o poder torna-se um lobo — sempre espreitando e caçando num jogo sorrateiro. O reconhecimento é a sua presa, e as pessoas são o prêmio. É uma busca incessante.

Se a pessoa busca apenas o prazer, ela se entregará às palpitantes emoções, viverá sob as luzes mais brilhantes e se envolverá em competições selvagens e diversões excitantes. Tomada de uma febre sensual, disputará corrida após corrida, a fim de satisfazer a sua insaciável paixão por sensações, pois estas duram muito pouco, e logo ela terá de procurar outras.

São os amantes da popularidade, do poder e do prazer.

No fim, o resultado é sempre o mesmo: uma dolorosa insatisfação.

Só enxergando o seu Criador é que o homem se torna de fato humano. Pois, quando enxerga o Criador, o ser humano tem um vislumbre daquilo que deveria ser.

"Quando enxerga o Criador, o ser humano tem um vislumbre daquilo que deveria ser."
Explique o que essa sentença significa.

Viva a sua vida

Ponham em prática tudo o que vocês aprenderam, receberam, ouviram e viram em mim. E o Deus da paz estará com vocês.

Filipenses 4:9

O Maestro invisível ensaia a orquestra que chamamos vida. Quando professores competentes ajudam alunos dedicados; quando gerentes habilidosos desatam nós burocráticos; quando treinadores de cães cumprem as suas atribuições; quando os contadores fazem a contabilidade bater; quando você e eu fazemos o melhor que podemos para a glória de Deus, então "formamos um corpo" em Cristo (Romanos 12:5).

Nossa participação é importante, porque não há tarefas insignificantes a serem desempenhadas. "Vocês são o corpo de Cristo, e cada um de vocês, individualmente, é membro desse corpo" (1Coríntios 12:27). Partes separadas, porém necessárias. Únicas e essenciais. Ninguém mais dirá as suas falas. O Autor do drama humano confiou a sua parte apenas a você. Viva a sua vida, ou ela não será vivida. Precisamos que você seja você mesmo.

Você precisa ser você mesmo.

Deus deu uma parte especial do drama humano apenas a você. Diga de que maneira você tem cumprido essa parte.

Sem mais sacrifícios

Veio Cristo como sumo sacerdote dos bens já realizados.
Hebreus 9:11 (ARA)

Até um estudante casual das Escrituras percebe a conexão entre o sangue e a misericórdia. Desde tempos tão remotos quanto os do filho de Adão, Abel, os cristãos sabem que "sem derramamento de sangue não há perdão" (Hebreus 9:22).

Usando o campo como templo e o chão como altar, Abel foi o primeiro a fazer o que milhões de pessoas iriam copiar. Ele ofereceu um sacrifício de sangue pelos pecados.

Seus imitadores formam uma longa fila: Abraão, Moisés, Gideão, Sansão, Saul, Davi... Eles sabiam que o derramamento de sangue era necessário para a remissão dos pecados. Jacó também sabia, daí ter empilhado pedras para fazer um altar.

Mas a fila terminou na cruz. O que Abel tentou realizar no campo, Deus realizou por meio de seu Filho. O que Abel começou, Cristo consumou. Depois do sacrifício de Cristo, jamais haverá necessidade de sacrifícios.

A morte de Cristo na cruz aboliu para sempre a necessidade de um sacrifício de sangue. O que isso significa para você?

Paz perfeita

A paz de Deus, que excede todo o entendimento, guardará o coração e a mente de vocês em Cristo Jesus.

FILIPENSES 4:7

A oração da fé nos conduz à paz de Deus. Não a uma paz aleatória, nebulosa ou terrena, mas à paz divina. Importada do céu. Deus oferece a você a mesma tranquilidade que caracteriza a sala do trono.

Você acredita que ele convive com a ansiedade? Acha que ele torce as mãos e pede antiácidos aos anjos? Claro que não! Para Deus, um problema representa um desafio tão pequeno quanto um graveto para um elefante. Deus desfruta uma paz perfeita porque possui o poder perfeito.

E ele oferece a você a sua paz. Uma paz que "guardará o [seu] coração e a [sua] mente em Cristo Jesus". Paulo aqui emprega uma metáfora militar. Os filipenses, que viviam praticamente numa guarnição militar, estavam habituados a ver as sentinelas romanas montando guarda. Qualquer inimigo que quisesse penetrar na cidade teria de passar pelos guardas. Deus faz a mesma oferta a você. Sua paz sobrenatural o protege... guardando o seu coração.

Cite uma ocasião em que a paz de Deus ajudou você num momento de dificuldade.

Os braços abertos de Deus

Assim como vocês receberam Cristo Jesus,
o Senhor, continuem a viver nele.
Colossenses 2:6

As pessoas que Deus usou para mudar a história formavam um grupo bem diversificado: alguns eram simples, outros eram incompetentes e houve até quem conseguisse realizar algo no passado. Mas todos eles encontraram esperança não nas próprias realizações, mas nos braços proverbialmente abertos de Deus.

Vamos começar com Abraão. Embora tivesse a sua fé elogiada por Paulo, o patriarca da nação também tinha as suas fraquezas. Tinha uma língua mentirosa que às vezes não conseguia refrear! Certa ocasião, para salvar o próprio pescoço, declarou que Sara não era sua esposa, mas sua irmã, o que era uma meia verdade. Tempos depois, ele repetiu o erro! Abraão disse a respeito de sua esposa Sara: "É minha irmã."

Por duas vezes, ele trocou a integridade pela segurança. Você chamaria isso de confiar nas promessas de Deus? Poderia alguém construir uma nação com esse tipo de fé? Deus pode. Deus escolheu o que era bom, perdoou o que era ruim e usou um velho de língua comprida para começar uma nação.

Nossa esperança não está em nossas realizações,
mas nos braços abertos de Deus. Que experiências
você tem tido com os braços abertos de Deus?

Pensamentos cativos

Levamos cativo todo pensamento, para tomá-lo obediente a Cristo.
2Coríntios 10:5

Manter cativos os pensamentos é algo muito sério. Jesus fazia isso. Lembra-se dos pensamentos que chegaram aos lábios de Pedro? Jesus havia acabado de profetizar a própria morte, sepultamento e ressurreição, mas Pedro não podia suportar essa ideia. "Chamando-o à parte, começou a repreendê-lo, dizendo: 'Nunca, Senhor! Isso nunca te acontecerá!'." E Jesus disse a Pedro: "Para trás de mim, Satanás! Você é uma pedra de tropeço para mim, e não pensa nas coisas de Deus, mas nas dos homens" (Mateus 16:22-23).

Percebe a firmeza de Jesus? É assim que um pensamento se manifesta. O Senhor foi tentado a considerá-lo. Uma vida sem cruz seria muito melhor. Mas o que ele fez? Colocou a prancha de desembarque no cais e ordenou: "Para trás de mim!" Era como se estivesse dizendo: "Você não tem permissão para entrar no meu pensamento."

E se você fizesse o mesmo? Se mantivesse cativos todos os pensamentos?

O que você faria de modo diferente hoje se tivesse "mantido cativos todos os pensamentos"?

DEUS É JUSTO

Ele é a Rocha, as suas obras são perfeitas, e todos os seus caminhos são justos. É Deus fiel, que não comete erros; justo e reto ele é.
DEUTERONÔMIO 32:4

Justo: isso é o que Deus é. A justiça de Deus "dura para sempre" (Salmos 112:3). E também "chega até as alturas" (Salmos 71:19).

Deus é justo. Seus mandamentos são justos (Romanos 1:32). Seu julgamento é justo (Romanos 2:5). Suas leis são justas (Romanos 8:4). Seus atos são justos (Daniel 9:16). Daniel declarou: "O SENHOR, o nosso Deus, é justo em tudo o que faz" (Daniel 9:14).

Deus nunca erra. Ele nunca proferiu uma sentença errada, assumiu uma atitude errada, escolheu o caminho errado, disse a coisa errada ou agiu de forma errada. Ele nunca está atrasado ou adiantado. Ele nunca é rápido demais ou lento demais. Ele nunca fala alto demais ou baixo demais. Ele sempre esteve e sempre estará certo. Ele é justo.

Escreva todos os versículos citados acima. De que forma essas verdades influenciam a sua fé em Deus?

Eles não conseguiam esquecê-lo

Deus ressuscitou este Jesus, e todos nós somos testemunhas desse fato.
Atos 2:32

Não sabemos para onde os discípulos foram depois que fugiram do jardim, mas sabemos o que estavam levando: uma lembrança. Levavam a lembrança aterradora de um homem que se proclamava nada menos que Deus em carne. E não conseguiam tirá-lo do pensamento. Por mais que tentassem perdê-lo na multidão, não conseguiam esquecê-lo.

Se viam um leproso, lembravam da compaixão dele.

Se caía um temporal, lembravam do dia em que ele acalmou uma tempestade.

Se passavam por uma criança, lembravam do dia em que ele segurou uma delas.

E, se vissem alguém levando uma ovelha para o Templo, lembrava daquela face ensanguentada e dos olhos inundados de amor.

Não, eles não conseguiam esquecê-lo. Por isso, acabaram voltando. E, como resultado, a Igreja do Senhor teve início, com um grupo de pessoas assustadas num cenáculo.

Cite algumas coisas que tornam impossível você se esquecer de Deus.

Uma avaliação adequada de si mesmo

Àquele que é capaz de fazer infinitamente mais do que tudo o que pedimos ou pensamos [...] a ele seja a glória.

Efésios 3:20-21

Percebem-se dois extremos na visão dos que têm uma opinião equivocada a respeito de si mesmos. Há os que têm excesso de amor-próprio e os que detestam a si mesmos. Costumamos oscilar de um extremo a outro. Promoções e demissões nos empurram para frente e para trás. Num dia, somos demasiadamente convencidos; no outro, somos exigentes demais. Nenhum dos dois é correto. A autoestima elevada demais e a autocensura rigorosa demais estão igualmente erradas. Qual é o certo?

O comportamento correto jaz entre os dois extremos. O ponto médio entre o "posso fazer qualquer coisa" e o "não consigo fazer nada" é o seguinte: "Tudo posso naquele que me fortalece" (Filipenses 4:13).

Nem onipotente nem impotente; nem obra-prima de Deus nem o maior equívoco de Deus; nem o presumido nem o inseguro, mas a segurança em Deus — um autoconceito baseado em nossa identidade como filhos de Deus. Uma avaliação adequada de si mesmo é a que está no meio.

Você já se encontrou em algum dos dois extremos da visão equivocada de si mesmo? Que áreas de sua vida são mais afetadas por essa tendência?

O MANTO DA JUSTIÇA

Os que em Cristo foram batizados, de Cristo se revestiram.
GÁLATAS 3:27

Já comemos a nossa parte do fruto proibido. Dizemos o que não devemos dizer. Vamos aonde não devemos ir. Apanhamos frutos de árvores que não devemos tocar.

E, quando agimos assim, a porta se abre e a vergonha entra. E então nos escondemos. Costuramos folhas de figueira. Cobrimo-nos com as nossas boas obras e boas ações. Mas basta uma rajada do vento da verdade, e estamos nus outra vez — inteiramente despidos em nossos erros.

E o que Deus faz? Exatamente o que fez com os nossos pais no jardim. Oferece a vida de seu Filho. E da cena do sacrifício o Pai retira um manto — o manto da justiça. Será que o bondoso Senhor jogará o manto em nossa direção, sob a recomendação de que devemos melhorar? Não. Ele nos veste de si mesmo, de seu ser. "Os que em Cristo foram batizados, de Cristo se revestiram" (Gálatas 3:27).

Nós nos escondemos. Ele procura. Nós cometemos pecado. Ele traz um sacrifício. Nós levamos as folhas de figueira. Ele traz o manto da justiça.

Cite uma ocasião em que você apresentou o pecado, e Deus trouxe o manto da justiça. O que esse manto fez pelo seu pecado?

A OUTRA MARGEM DO RIO

Quero conhecer Cristo, o poder da sua ressurreição e a participação em seus sofrimentos, [...] para, de alguma forma, alcançar a ressurreição dentre os mortos.
FILIPENSES 3:10-11

Jesus viu muita gente escravizada ao medo da morte. Ele afirmou que não era preciso temer o rio da morte. Mas ninguém acreditou nele. Ele tocou um menino e o chamou de volta à vida. Mas os seus seguidores ainda não estavam convencidos. Ele soprou vida no corpo inanimado de uma jovem. Ainda assim, as pessoas se mostravam céticas. Ele deixou um homem morto passar quatro dias numa sepultura e depois o chamou. Não seria o bastante? Aparentemente, não. Foi necessário que ele mesmo entrasse no rio e mergulhasse nas águas da morte para as pessoas acreditarem que a morte fora derrotada.

Então, depois que ele fez isso, depois que ele emergiu na outra margem do rio da morte, chegou a hora de cantar... chegou o tempo de celebrar.

Você teme a morte ou sabe de alguém que tem medo de morrer? Como a morte e ressurreição de Cristo podem ajudar a vencer esse medo?

Duas opções

Que farei [...] com Jesus, chamado Cristo?
Mateus 27:22

Pilatos fez a pergunta correta: "Que farei [...] com Jesus, chamado Cristo?"

Talvez você, como Pilatos, esteja curioso a respeito desse homem chamado Jesus.

O que você faria com um homem que afirma ser Deus, mas que odeia a religião? O que faria com um homem que se proclama Salvador, mas condena o sistema? O que faria com um homem que conhece o lugar e a data da sua morte, e mesmo assim não a evita?

Você tem duas opções.

Você pode rejeitá-lo. Essa é uma opção. Você pode, entre muitas concepções, concluir que a ideia de um Deus que virou carpinteiro é muito bizarra — e se retirar.

Ou você pode aceitá-lo. Pode viajar com ele. Pode ouvir a sua voz entre centenas de vozes e segui-lo.

Toda pessoa tem de escolher uma destas duas opções: rejeitar a Cristo ou aceitá-lo. Explique a sua escolha.

Lutando com Deus

Seu nome não será mais Jacó, mas sim Israel, porque você lutou com Deus e com homens e venceu.
Gênesis 32:28

O nome Jaboque, em hebraico, significa "luta", e foi o que Jacó fez — ele lutou. Jacó lutou com o seu passado: com todas as suas mentirinhas brancas, trapaças e escândalos. Ele lutou com a sua situação: estava como uma aranha que ficara presa na própria teia de enganos e astúcias. Acima de qualquer coisa, porém, ele lutou com Deus.

Jacó lutou com Deus uma noite inteira. Às margens do Jaboque, rolou na lama dos próprios erros. Ele se viu face a face com Deus, cansado do passado e com a desesperada necessidade de um recomeço. E, pelo fato de Jacó desejar isso tão ardentemente, o Senhor Deus honrou a sua determinação e o atendeu. O Senhor deu a ele um novo nome e fez-lhe uma nova promessa. Mas Deus também lhe deu um quadril deslocado, como um memorial daquela noite misteriosa à beira do rio.

Nós também precisamos tirar a máscara de nosso coração manchado e de nossa alma ferida. Temos de ser honestos com aquele que conhece os nossos pecados mais secretos.

O resultado será revigorante. Sabemos que funcionou com Jacó. Após o seu encontro com Deus, ele se tornou um novo homem.

Você tem dificuldade para crer que pode ficar face a face com Deus e ser honesto com ele? Por quê?

O PERFEITO AMOR

O perfeito amor expulsa o medo.

1João 4:18

Você já foi ao supermercado com o estômago vazio? Você sempre se dá mal. Compra tudo de que não precisa. Não importa se é bom — você só quer encher o estômago. Quando está solitário, faz a mesma coisa com a vida: tira qualquer coisa da prateleira. Não porque precisa, mas porque está faminto de amor.

Por que fazemos isso? Porque ficamos com medo de enfrentar a vida sozinhos. Com medo de ficar deslocados, usamos drogas. Com medo de parecer antiquados, usamos as roupas que os outros usam. Com medo de parecer pobres, contraímos dívidas e compramos uma casa que está além das nossas possibilidades. Com medo de não ser notados, vestimo-nos para seduzir ou para impressionar. Com medo de dormir sozinhos, dormimos com qualquer um. Por medo de não ser amados, procuramos o amor nos lugares errados.

Mas tudo isso muda quando encontramos o "perfeito amor" de Deus. E "o perfeito amor expulsa o medo".

O que acontece quando procuramos o amor nos lugares errados? Qual a solução de Deus?

Vigiem e orem

Vigiem e orem para que não caiam em tentação.
Marcos 14:38

"Vigiem." Essa frase não poderia ser mais prática. Vigie. Fique alerta. Mantenha os olhos abertos. Ao ver o pecado se aproximando, fuja. Quando perceber que terá um encontro desagradável, dê meia-volta. Quando sentir a tentação, tome outro rumo.

Tudo que Jesus está dizendo é: "Preste atenção." Você conhece as suas fraquezas. Sabe também as situações em que as suas fraquezas são ainda mais vulneráveis. Fuja dessas situações. O banco de trás do carro. Ficar com aquela pessoa até tarde. Cinema. Fique longe de tudo que possa dar a Satanás a oportunidade de colocar um pé em sua vida. Cuidado!

"Ore." Na oração, não estamos dizendo nada novo para Deus. Não há um santo ou um pecador capaz de surpreendê-lo. O que a oração faz é convidar Deus a caminhar conosco pelas ruelas escuras da vida. Na oração, pedimos a Deus que nos avise das árvores caídas e das pedras soltas e também vigie a nossa retaguarda, para proteger as nossas costas das flechas envenenadas do Maligno.

Cite ocasiões em que uma situação permitida por você tornou-o vulnerável à tentação.

O QUE VAMOS LEVAR?

Se confessarmos os nossos pecados, ele é fiel e justo para perdoar os nossos pecados e nos purificar de toda injustiça.

1JOÃO 1:9

Para que a cruz de Cristo seja a cruz da sua vida, eu e você precisamos levar alguma coisa para o monte.

Já vimos o que Jesus levou. Com as mãos feridas, ele ofereceu perdão. Através da pele dilacerada, prometeu aceitação. Ele tomou o caminho que nos levará para casa. Ele usou as nossas roupas para nos dar as dele. Bem, já vimos os presentes que ele levou.

Agora nos perguntamos: o que vamos levar?

Por que você não começa com os seus maus momentos?

Aqueles maus hábitos? Deixe-os na cruz. Os modos egoístas e as mentirinhas brancas? Presenteie a Deus com eles. As farras ou a beatice? Deus quer tudo isso. Cada fracasso, cada erro. Ele quer cada um deles. Por quê? Porque sabe que não podemos viver com eles.

O que você levaria para a cruz? Maus momentos? Maus hábitos? Disposição egoísta? Faça uma lista e então agradeça a Deus pelo fato de você poder levar tudo isso para a cruz.

Todo dia é importante

Vocês [...] são geração eleita, sacerdócio real, nação santa, povo exclusivo de Deus, para anunciar as grandezas daquele que os chamou das trevas para a sua maravilhosa luz.

1 PEDRO 2:9

Devemos viver a vida de modo a deixar o Pai celestial cheio de orgulho.

Use a sua individualidade para fazer isso. Você nasceu de um ventre escolhido. Não pense que você é produto do DNA de seus pais, pois você é um projeto inteiramente novo do céu.

Tenha grande consideração por Deus. Torne-se aquilo que você é aos olhos dele! Afinal, ele não o transferiu de uma vida chata e destinada à morte para uma aventura rica e direcionada para o céu? Lembre-se de que você foi escolhido para proclamar as excelentes virtudes de Deus. Faça isso todos os dias de sua vida.

Para Deus, todo dia é importante e cada pessoa é importante.

E isso inclui você.

Diga o que você tem feito para demonstrar a sua grande consideração por Deus.

Imitação de Cristo

Vivam em amor, como também Cristo nos amou.

Efésios 5:2

Você quer ser capaz de amar? Comece aceitando a sua condição de filho amado com ternura. "Sejam imitadores de Deus, como filhos amados, e vivam em amor, como também Cristo nos amou" (Efésios 5:12).

Quer aprender a perdoar? Então lembre-se de que você foi perdoado. "Sejam bondosos e compassivos uns para com os outros, perdoando-se mutuamente, assim como Deus os perdoou em Cristo" (Efésios 4:32).

Acha difícil pôr os outros em primeiro lugar? Pense em como Cristo pôs você em primeiro lugar. "Embora sendo Deus, não considerou que o ser igual a Deus era algo a que devia apegar-se" (Filipenses 2:6).

Precisa de mais paciência? Sirva-se da paciência de Deus (2Pedro 3:9). Considera a generosidade uma virtude ilusória? Lembre-se de como Deus tem sido generoso com você (Romanos 5:8). Está difícil aturar parentes ingratos ou vizinhos irritantes? Deus o aturou quando você se comportou assim. "Ele é bondoso para com os ingratos" (Lucas 6:35).

Cite ocasiões em que você detectou traços divinos na vida de alguém. Que impacto isso causou em você? Por quê?

Junho

Lancem sobre ele toda a sua ansiedade,
porque ele tem cuidado de vocês.

1 Pedro 5:7

JESUS HONRA VOCÊ

Como é bom render graças ao SENHOR e cantar louvores ao teu nome [...] anunciar de manhã o teu amor leal.

SALMOS 92:1-2

Preste atenção: o amor de Jesus não depende do que você faz por ele. De jeito nenhum. Aos olhos do Rei, você tem valor apenas por aquilo que você é. Não precisa se apresentar bem ou agir corretamente. Seu valor é inato.

Ponto final.

Pense nisso por um instante. Você é valioso só pelo fato de existir. Não por causa do que faz ou já fez, mas apenas pelo que você é. Lembre-se disso na próxima vez que se vir flutuando na esteira da ambição de alguém. Lembre-se disso na próxima vez que algum malandro tentar pendurar uma plaquinha de liquidação em sua autoestima. Na próxima vez que alguém tentar passá-lo a alguém como um produto barato, pense em como Jesus honra você... e sorria.

Eu faço isso. Sorrio porque sei que não mereço esse tipo de amor. Nenhum de nós merece.

Deus diz que você tem valor só pelo fato de existir.
De que maneira isso afeta a sua visão da vida?
E como isso afeta você mesmo? E os outros?

A NAU CAPITÂNIA DA PACIÊNCIA

O amor é paciente.
1 CORÍNTIOS 13:4

Paulo apresenta a paciência como a primeira expressão do amor. Posicionado à testa da Armada do Amor do apóstolo — um barco ou dois à frente da bondade, da cortesia e do perdão —, está a nau capitânia, conhecida como paciência. "O amor é paciente."

A palavra grega usada aqui para "paciência" é descritiva. Em sentido figurado, significa "levar muito tempo para ferver". Pense numa panela de água fervente. Que fatores determinam a velocidade em que ela ferve? O tamanho do fogão? Não. A panela? O utensílio pode ter alguma influência, mas o fator principal é a intensidade da chama. A água ferve mais rápido quando a chama é alta e demora a ferver quando a chama é baixa. A paciência "mantém o queimador em fogo baixo".

Um esclarecimento importante, não acha? A paciência não é ingênua. Ela não ignora o mau comportamento, apenas mantém a chama numa intensidade baixa. Ela espera. Ela ouve. Ela demora a ferver. É assim que Deus nos trata. E, de acordo com Jesus, é assim que devemos tratar os outros.

Pense em que a vida seria melhor para todos nós se cada um exercitasse um pouco mais a paciência.

O ALTO PREÇO DA OBSESSÃO

Eu sou o SENHOR, e não há nenhum outro.
ISAÍAS 45:18

Pagamos um preço elevado pela obsessão... por nós mesmos. "Quem é dominado pela carne não pode agradar a Deus" (Romanos 8:8). Paulo está se referindo aos pecadores ao descrever aqueles que, "tendo conhecido a Deus, não o glorificaram como Deus [...] Por isso Deus os entregou à impureza sexual, segundo os desejos pecaminosos do seu coração" (Romanos 1:21,24).

Você já viu o caos. O marido que ignora a esposa. O ditador que sacrifica milhões de pessoas. Velhos seduzindo jovens. Jovens fazendo propostas indecorosas aos velhos. Se você faz o que quer, eu faço o que quero e nenhum de nós dá importância ao que Deus quer, a humanidade implode. A podridão das pessoas corrompe a população.

Quem tenta abstrair a Deus poderá trazer o caos à terra e, o que é muito pior, a desgraça eterna.

Por que a obsessão por nós mesmos é tão destrutiva para nós e para os outros?

O nosso Mestre-Servo

Como o Filho do homem, que não veio para ser servido, mas para servir e dar a sua vida em resgate por muitos.
MATEUS 20:28

Quando era garoto, li uma fábula russa sobre um mestre e o seu ajudante que viajavam para uma cidade. Esqueci muitos detalhes da fábula, mas lembro o final. Antes de chegarem ao seu destino, os dois homens foram apanhados numa terrível tempestade. Eles se perderam e não conseguiram chegar à cidade antes do anoitecer, como pretendiam.

Na manhã seguinte, os amigos, preocupados, foram procurar os dois homens. Eles encontraram o mestre, congelado e morto, com o rosto virado para a neve. Quando o levantaram, encontraram o ajudante — ainda vivo. O sobrevivente contou que o mestre, por iniciativa própria, o cobrira com o corpo, a fim de que ele pudesse viver.

Passei muitos anos sem pensar nessa história. Mas quando li o que Cristo disse que faria por nós, a fábula voltou-me à lembrança, pois Jesus é o Mestre que morreu pelos seus servos.

Escreva uma nota de louvor a Jesus por sua morte na cruz.

Uma segunda transformação

Todos seremos transformados, num momento,
num abrir e fechar de olhos.
1 Coríntios 15:51-52

"Estarei sempre com vocês" são palavras de um Deus que, num instante, fez o impossível para tornar tudo possível a você e a mim (Mateus 28:20).

Tudo aconteceu num átimo. Num único momento... o mais memorável. O Verbo se fez carne.

Mas haverá outro momento. O mundo verá outra transformação instantânea. Deus tornou possível que o homem visse a Deus. Quando Jesus voltou para casa, ele deixou a porta dos fundos aberta. Por isso, "todos seremos transformados, num momento, num abrir e fechar de olhos".

O primeiro momento da transformação passou despercebido no mundo. Mas você pode apostar o que quiser como isso não acontecerá com o segundo.

Explique por que os filhos de Deus aguardam com tanta expectativa o retorno de Cristo.

Alivie a bagagem

Lancem sobre ele toda a sua ansiedade,
porque ele tem cuidado de vocês.
1 Pedro 5:7

Deus preparou uma jornada maravilhosa para você. Sob os cuidados dele, você irá a lugares onde nunca esteve e será servido de formas que nunca imaginou. Mas terá de deixar alguma coisa para trás. Como participar da graça carregado de culpas? Como oferecer consolo se está desanimado? Como aliviar a carga de alguém se os seus braços já carregam um grande peso?

Em nome daqueles que você ama, alivie a bagagem.

Em nome do Deus que você serve, alivie a bagagem.

Em nome de sua alegria, alivie a bagagem.

Certos pesos na vida você simplesmente não pode carregar. O Senhor está pedindo que você se livre deles e confie nele.

Cite alguma coisa em sua vida que esteja sobrecarregando você e impedindo-o de aliviar a bagagem. O que você precisa fazer a respeito disso?

O QUE O AMOR FAZ

De sorte que haja em vós o mesmo sentimento que houve também em Cristo Jesus, que, sendo em forma de Deus, não teve por usurpação ser igual a Deus. Mas aniquilou-se a si mesmo, tomando a forma de servo.

FILIPENSES 2:5-7 (ARC)

Você faria o que Jesus fez? Ele trocou um castelo imaculado por um estábulo encardido. Ele trocou a adoração dos anjos pela companhia de assassinos. Ele podia segurar o Universo na palma da mão, mas desistiu disso para flutuar no ventre de uma jovem.

Se você fosse Deus, dormiria sobre a palha, buscaria alimento no seio materno, usaria uma fralda? Eu não. Mas Cristo sim.

Se você soubesse que pouca gente daria atenção à sua chegada, você aceitaria?

Se soubesse que aqueles a quem você iria amar ririam na sua cara, você ainda toparia? Cristo sim.

Ele se humilhou. Ele deixou de comandar os anjos para dormir sobre a palha. De segurar as estrelas para agarrar o dedo de Maria. A mão que sustentava o Universo recebeu um prego da mão de um soldado.

Por quê? Porque é isso que o amor faz. Ele põe o ser amado antes de si mesmo.

O amor põe o ser amado antes de si mesmo. Cite algumas maneiras práticas de você aplicar essa verdade à sua vida.

NÃO DESISTA!

Está consumado!
JOÃO 19:30

Nossa incapacidade de terminar o que começamos pode ser constatada nas menores coisas:

Uma grama parcialmente cortada.

Um livro lido pela metade.

Ou fica evidente nas áreas mais dolorosas da vida:

Uma criança abandonada.

Um casamento naufragado.

Existe alguma chance de eu estar me dirigindo a alguém que está pensando em desistir? Se estiver, quero incentivá-lo a deixar de lado esse pensamento e continuar. Quero que se lembre da determinação de Jesus na cruz.

Jesus não desistiu. Mas não pense um minuto sequer que ele não se sentiu tentado a abandonar tudo. Se ele alguma vez quis desistir? Pode apostar que sim.

É por isso que as suas palavras são tão esplêndidas: "Está consumado!"

Jesus concluiu aqui na terra a tarefa que
Deus lhe confiou. Como o exemplo dele
pode incentivar você a não desistir?

Fazendo um inventário

Vocês não sabem que são santuário de Deus e
que o Espírito de Deus habita em vocês?
1Coríntios 3:16

Todo cristão tem Deus no coração. Mas nem todos entregaram o coração inteiramente a Deus. Lembre-se: a questão não é: "Como posso ter mais do Espírito?" Mas: "Como o Espírito pode ter mais de mim?" Faça um inventário. Ao escrutinar os detalhes de sua vida, será que não encontrará alguns bolsos resistentes? Confira a lista...

Sua língua. Você tem a tendência de esticar a verdade? De exagerar os fatos? E a sua linguagem? Não tem sido um poço de conversas tolas e profanas? E os seus rancores? Há ressentimentos estacionados em sua "julgaragem"? Você é improdutivo e preguiçoso? Vive fora do sistema, por presumir que a igreja ou o país deveriam tomar conta de você?

Será que os seus atos não estão interrompendo o fluxo do Espírito em sua vida?

Que áreas de sua vida você tem relutado
em entregar a Deus? O que você pode fazer
para entregá-las a ele todo o coração?

O VESTUÁRIO DA CRUZ

Ele mesmo levou em seu corpo os nossos pecados sobre o madeiro, a fim de que morrêssemos para os pecados e vivêssemos para a justiça.

1 PEDRO 2:24

Quando Cristo foi pregado na cruz, ele despiu o manto de sua pura perfeição e assumiu um vestuário diferente: as vestes da indignidade.

A indignidade da nudez. Ele foi despido diante da própria mãe e de todos a quem amava e envergonhado na frente da família.

A indignidade do fracasso. Durante algumas horas sofridas, os líderes religiosos foram os vitoriosos, e parecia que Cristo era o derrotado. Ele foi envergonhado perante os seus acusadores.

E — a pior — *a indignidade do pecado*. "Ele mesmo levou em seu corpo os nossos pecados sobre o madeiro, a fim de que morrêssemos para os pecados e vivêssemos para a justiça."

As vestes de Cristo na cruz? O pecado — os seus e os meus. Os pecados de toda a humanidade.

Como você reage à humilhação de Cristo na cruz? Como isso afeta a sua maneira de viver para ele?

O Deus de que você precisa

Assim diz o Senhor, que criou os céus, ele é
Deus; que moldou a terra e a fez.

Isaías 45:18

Você não precisa daquilo que Dorothy encontrou. Lembra-se do que ela descobriu no filme *O mágico de Oz*? A menina e seus três amigos seguiram a estrada de tijolos amarelos e no final descobriram que o mágico era um covarde! Nada além de fumaça e espelhos e do retinir de um tambor de lata. É esse o tipo de deus de que você precisa?

Você não precisa carregar o peso de um deus menor, um deus que mora numa prateleira, numa caixa ou numa garrafa. Não. Você precisa de um Deus capaz de colocar 100 bilhões de estrelas em nossa galáxia e 100 bilhões de galáxias no Universo. Você precisa de um Deus capaz de moldar dois punhados de carne com 75 ou 100 bilhões de células nervosas, cada uma fazendo cerca de 10 mil conexões com outras células nervosas, e acondicioná-los num crânio depois de lhe dar o nome de cérebro.

Por fim, você precisa de um Deus que, embora seja tão extraordinariamente poderoso, possa vir na penumbra da noite e tocá-lo com a ternura de um floco de neve.

Escreva um salmo de louvor a Deus por sua maravilhosa bondade e misericórdia.

A ESCOLHA É NOSSA

Venham a mim [...] e eu lhes darei descanso.

MATEUS 11:28

É possível entender muito bem o convite de Deus e jamais dar uma resposta.

No entanto, o convite é claro e inegociável. Ele nos dá tudo, e nós damos tudo a ele. Simples e direto. Ele diz com clareza o que quer de nós e o que nos oferece.

Não é incrível que Deus deixe a escolha para nós? Pense nisso. Há muitas coisas na vida que não podemos escolher. Não podemos escolher o tempo, por exemplo. Não podemos controlar a economia.

Não podemos escolher se vamos nascer com nariz grande ou com olhos azuis, com pouco ou muito cabelo. Não podemos sequer escolher como as pessoas irão reagir em relação a nós.

Mas podemos escolher onde passar a eternidade. A suprema escolha, essa Deus deixou a nosso cargo. A decisão crítica é nossa.

O que você pretende fazer com o convite de Deus?

Escreva uma nota de agradecimento a Deus pelo seu maravilhoso convite.

DEUS VÊ O QUE NÃO PODEMOS VER

Quem é como o SENHOR, o nosso Deus, que reina em seu trono nas alturas?

SALMOS 113:5

Numa viagem que fizemos à Inglaterra, nossa família foi visitar um castelo. No centro do jardim, havia um labirinto. Fileiras e mais fileiras de cercas vivas levavam a becos sem saída, um após o outro. Quem era bem-sucedido caminhava pelo labirinto e descobria uma porta para a torre que se elevava no centro do jardim. Se você visse as fotos da minha família nessa viagem observaria quatro de seus cinco membros postados de pé no alto da torre. Porque alguém havia ficado no chão. Adivinhe quem? Perdi-me no meio da folhagem e não consegui encontrar o caminho.

Então ouvi uma voz que vinha lá de cima: "Ei, papai!" Olhei e vi Sara me olhando através das vigias da torre. "Você está no caminho errado", ela explicou. "Volte e vire à direita."

Você acha que confiei nela? Não precisava. Mas sabe o que fiz? Segui a orientação dela. Seu ponto de observação era privilegiado. Ela estava acima do labirinto. Decidi ouvi-la porque que eu não podia ver o que ela via.

Devemos fazer o mesmo em relação a Deus.

Cite algumas recordações que envolvam o poder de Deus.

Ele não se lembra

Não me lembrarei mais dos seus pecados.
Hebreus 8:12

Hoje, estava agradecendo ao Pai pela sua misericórdia. Comecei com uma lista dos pecados que ele perdoou. Agradeci a Deus por ter perdoado os meus erros e tropeços e mencionei cada um deles. Meus motivos eram puros, e o meu coração estava agradecido, mas o meu entendimento a respeito de Deus estava errado. Foi quando usei a palavra "lembrar" que algo me atingiu.

"Lembra-se da época em que eu..." Eu estava prestes a agradecer a Deus por outro ato de misericórdia, mas parei. Alguma coisa estava errada. O verbo "lembrar" parecia estar deslocado. "Será que ele se lembra?"

Então lembrei. Lembrei-me de suas palavras: "Não me lembrarei mais dos seus pecados."

Uau! Eis uma promessa notável.

Deus não apenas perdoa: ele esquece. De todas as coisas que ele faz, essa é uma que se recusa a fazer. Ele se recusa a manter uma lista de meus erros.

Deus se recusa a manter uma lista de meus erros.
Você tem estendido essa mesma generosidade
aos outros? Explique os seus motivos.

UM CAMINHO PARTICULAR

Tu, SENHOR, guardarás em perfeita paz aquele cujo propósito está firme,porque em ti confia.
ISAÍAS 26:3

Quando Davi se prontificou para enfrentar Golias, Saul tentou vestir o jovem pastor com uma armadura de soldado. Afinal, Golias tinha quase 3 metros de altura, usava um capacete de bronze e uma couraça de 60 quilos, além de caneleiras de bronze, e a haste de sua lança pesava bem uns 7 quilos (1Samuel 17:4-7). E Davi? Davi tinha um estilingue. Era o mesmo que um fusca desafiando uma carreta de 18 eixos. Quando viu Davi, ainda com espinhas, e Golias todo encouraçado, Saul fez o que qualquer rei da Idade do Ferro faria: "Saul vestiu Davi com sua própria túnica, colocou-lhe uma armadura e lhe pôs um capacete de bronze na cabeça" (1Samuel 17:38).

Mas Davi rejeitou a couraça, escolheu as pedras, matou o gigante e nos ensinou uma poderosa lição: o que serve para os outros pode não servir para nós. E o que serve para *o rei* muito provavelmente não servirá para você. Só porque alguém lhe oferece um conselho, um emprego ou uma promoção, não quer dizer que você tenha de aceitar. Deixe a sua individualidade definir o seu caminho na vida.

Por que é mais importante atentar para a vontade de Deus do que para o conselho humano?

A INTERSEÇÃO DO AMOR

Foi crucificado em fraqueza, mas vive pelo poder de Deus.
2CORÍNTIOS 13:4

A cruz. Você pode olhar para qualquer lado sem ver uma? Fixada no alto de uma capela. Esculpida na lápide de um túmulo. Cinzelada num anel ou pendurada num cordão. A cruz é o símbolo universal do cristianismo. E isso é muito estranho, não acha? É estranho que um instrumento de tortura viesse a representar um movimento de esperança.

Por que a cruz é o símbolo de nossa fé? Para encontrar a resposta, não é preciso olhar além da própria cruz. Seu desenho não podia ser mais simples. Uma trave horizontal e outra vertical. Uma se estendendo para os lados — como o amor de Deus. A outra se estendendo para cima — como a santidade de Deus. Uma representa a amplitude de seu amor. A outra simboliza a altura da sua santidade. A cruz é uma interseção. A cruz é o local onde Deus perdoou os seus filhos sem infringir os seus padrões.

Explique por que a cruz é uma interseção do amor e da santidade de Deus.

Os anjos adoram

Todos os anjos estavam em pé ao redor do trono [...]
dizendo: "Amém! Louvor e glória, sabedoria [...]
sejam ao nosso Deus para todo o sempre. Amém!"

Apocalipse 7:11-12

Apenas uma visão encanta os anjos — a face de Deus. Eles sabem que ele é o Senhor de tudo e de todos.

Por isso, eles o adoram. Seja no Templo com Isaías ou no campo com os pastores de Belém, os anjos adoram.

"Todos os anjos estavam em pé ao redor do trono [...] dizendo: 'Amém! Louvor e glória, sabedoria [...] sejam ao nosso Deus para todo o sempre. Amém!'."

Não estaria a adoração deles proclamando a intensidade da beleza de Deus? Os anjos poderiam olhar para o Grand Canyon, para as pinturas de Picasso ou para a Capela Sistina, mas preferiram fixar os olhos na glória de Deus. Eles não se cansam dele e não conseguem ficar em silêncio diante do que veem.

Descreva com as suas palavras a glória de Deus.

Um amor obstinado

Este meu filho estava morto e voltou à vida;
estava perdido e foi achado.
Lucas 15:24

Jesus resumiu o amor obstinado de Deus numa parábola. Ele contou a história de um jovem que chegou à conclusão de que a vida no campo era sossegada demais para o seu gosto. Então, com o bolso cheio de dinheiro recebido como herança, partiu em busca dos melhores anos de sua vida. Mas o que encontrou foram ressacas, amigos interesseiros... e longas filas de desempregados. Depois de experimentar o máximo que podia suportar dessa vida de cão, ele engoliu o orgulho, enfiou as mãos nos bolsos vazios e começou o longo caminho de volta para casa. E o tempo todo ficou ensaiando o discurso que planejava fazer ao pai.

Mas nem precisou falar. Assim que chegou ao topo da colina, seu pai, que o aguardava junto ao portão, correu ao seu encontro. As desculpas do jovem foram rapidamente abafadas pelas palavras de perdão do pai.

Se você alguma vez se admirou de Deus querer usá-lo para fazer a diferença no seu mundo, veja o perdão encontrado naqueles braços abertos e anime-se.

O que o amor obstinado de Deus significa para você?

Deus é o bastante

O teu amor é melhor do que a vida! Por isso os meus lábios te exaltarão. [...] A minha alma ficará satisfeita como quando tem rico banquete.

Salmos 63:3,5

Quando se trata de amor, tenha cuidado!

Antes de caminhar pelos corredores da igreja, olhe à sua volta. Certifique-se de que esse é o lugar que Deus lhe reservou. E, se desconfiar que não é, caia fora! Não force o errado a se tornar certo. Tenha cuidado!

E, até que o amor chegue, permita que o amor de Deus seja o bastante. Há ocasiões em que Deus nos deixa sentir a fragilidade do amor humano a fim de que apreciemos a força de seu amor. Não foi isso que ele fez com Davi? Saul o perseguia. Mical, sua esposa, o traiu. Jônatas e Samuel eram amigos de Davi, mas não podiam acompanhá-lo até o deserto. A traição e as circunstâncias o deixaram sozinho. Sozinho com Deus. E Davi também descobriu que Deus era o bastante. Ele escreveu estas palavras no deserto: "O teu amor é melhor do que a vida! [...] A minha alma ficará satisfeita como quando tem rico banquete."

Que circunstâncias da vida lembram você de que o amor de Deus é o bastante?

O CAMINHO DA JUSTIÇA

Guia-me nas veredas da justiça.
SALMOS 23:3

Foi o momento mais belo e, ao mesmo tempo, o mais horrível da história. Jesus compareceu ao tribunal do céu. Ele estendeu a mão sobre toda a criação e implorou: "Castigue-me por todos os pecados deles. Vê o assassino? Transfira para mim a sua pena. A adúltera? Vou assumir a sua vergonha. O intolerante, o mentiroso, o ladrão? Faça comigo o que faria com eles. Trate-me como trataria um pecador."

E foi o que Deus fez. "Cristo sofreu pelos pecados uma vez por todas, o justo pelos injustos" (1Pedro 3:18).

O caminho da justiça é estreito e sinuoso até o topo de uma montanha muito íngreme. Lá no alto, existe uma cruz. Na base da cruz, estão as bolsas. Incontáveis bolsas cheias de inumeráveis pecados. O Calvário é uma imensa pilha de culpa. Você não gostaria de deixar as suas ali?

Você ainda está carregando aquelas bolsas cheias de culpa? O que Deus quer que você faça com elas?

O Salvador venceu

Este Jesus, a quem vocês crucificaram, Deus o fez Senhor e Cristo.
ATOS 2:36

Um grupo transformado postou-se ao lado do Pedro transformado, quando ele anunciou: "Todo o Israel fique certo disto: Este Jesus, a quem vocês crucificaram, Deus o fez Senhor e Cristo."

Não há nem sinal de timidez nessas palavras. Nenhuma hesitação. Cerca de 3 mil pessoas creram nessa mensagem.

Os apóstolos inauguraram um movimento. As pessoas passaram a seguir aquele que venceu a morte. Não se cansavam de ouvir ou de falar a respeito dele. O povo começou a chamá-los de cristãos. Cristo era o modelo e a mensagem deles. Eles pregavam: "Jesus Cristo foi crucificado" não por falta de assunto, mas porque não conseguiam exaurir o tema.

Mas o que destrancou a porta do coração dos apóstolos?

Simples. Eles viram a Jesus. Eles encontraram o Cristo. Os pecados deles lutaram contra o Salvador, e o Salvador venceu!

Cristo foi o modelo e a mensagem dos primeiros cristãos. Como isso se aplica à sua vida?

Por que adorar?

Com minha boca anunciarei a tua fidelidade por todas as gerações.
Salmos 89:1

Durante as nossas férias de verão, aproveitei a ocasião para tomar umas aulas de navegação. Sempre enrolado para distinguir entre sotavento, proa e popa, ficava fazendo perguntas à tripulação. Depois de algum tempo, o capitão propôs: "Gostaria de nos levar de volta para casa?" Ele garantiu que eu não teria nenhuma dificuldade. "Olhe para aquele rochedo", instruiu, "e ponha os olhos e o barco nessa direção."

Achei muito difícil seguir aquelas instruções. Outros elementos da paisagem atraíam a minha atenção: a espuma que se formava na crista das ondas, o mogno que cobria o convés. Eu queria olhar para tudo. Mas se olhasse muito tempo, corria o risco de perder o curso. O barco só continuaria na rota se eu mantivesse os olhos fixos além da embarcação.

É isso que a adoração nos ajuda a fazer na vida. Ela nos instrui a fixar os olhos para além do barco com seus encantos e dos passageiros, nas "coisas que são do alto, onde Cristo está assentado à direita de Deus" (Colossenses 3:1).

Explique como a adoração pode nos ajudar a manter o foco em Deus.

O QUE O AMOR FAZ

Necessitei de roupas, e vocês me vestiram.
MATEUS 25:36

E se você tivesse recebido o privilégio de Maria? E se o próprio Deus fosse colocado em seus braços na forma de um bebê pelado? Faria o mesmo que Maria fez? Ela "envolveu-o em panos" (Lucas 2:7).

O bebê Jesus, ainda úmido do ventre, estava tremendo de frio. Por isso, sua mãe fez o que qualquer mãe faria. Ela fez aquilo que o amor faz: agasalhou-o.

Você não gostaria de ter a chance de fazer o mesmo? Mas você tem. Essas oportunidades surgem todos os dias. Jesus disse: "Necessitei de roupas, e vocês me vestiram [...]. O que vocês fizeram a algum dos meus menores irmãos, a mim o fizeram" (Mateus 25:36,40).

Cite algumas coisas que você pode fazer
para se aproximar dos "menores irmãos"
deste mundo a fim de vesti-los.

As surpresas de Deus

Olho nenhum viu, ouvido nenhum ouviu, mente nenhuma imaginou o que Deus preparou para aqueles que o amam.
1CORÍNTIOS 2:9

Você já imaginou como Deus é? Já o explicou num fluxograma ou o imobilizou num quadro? Se já fez isso, então ouça. Ouça as surpresas de Deus.

Ouça as pedras destinadas à mulher adúltera caírem ao chão.

Ouça o que o Messias sussurra à mulher samaritana: "Eu sou o Messias! Eu, que estou falando com você."

Ouça a viúva de Naim jantando com o filho que todos pensavam ter morrido.

Deus aparece nos lugares mais estranhos. Ele faz as coisas mais estranhas. Ele provoca sorrisos onde só havia olhares de censura. Ele põe um brilho de alegria onde só havia lágrimas.

Quais são as coisas mais surpreendentes que você viu Deus fazer em sua vida? Como isso afetou você?

Deus no dia a dia

Em Cristo Jesus, nosso Senhor, por intermédio de quem temos livre acesso a Deus em confiança, pela fé nele.
Efésios 3:11-12

Deus nos chama num mundo real. Ele não se comunica juntando estrelas no firmamento nem reencarnando os nossos avós sepultados.

Ele não é mágico nem feiticeiro, tampouco um sedutor ou o homem do andar de cima. Nada disso. Ele é o Criador do Universo que está logo ali, no fluxo do nosso dia a dia, e nos fala mais pelo balbuciar dos bebês e das barrigas vazias que por meio de horóscopos, mapas astrais ou "madonas" lacrimejantes.

Se você tiver uma visão sobrenatural ou ouvir uma voz estranha à noite, não se deixe impressionar. Ela pode vir de Deus ou de um problema estomacal, e você não vai querer confundir um com o outro.

Deus fala em nosso mundo. Só precisamos aprender a ouvi-lo no meio das coisas comuns.

Faça uma lista das maneiras comuns nas quais você ouve a voz de Deus neste mundo. Você está ouvindo ele agora?

Uma explicação

Depois de ressuscitar, irei adiante de vocês para a Galileia.
Mateus 26:32

Você se lembra do medo que os seguidores de Cristo tinham da crucificação? Eles fugiram. Assustados como gatos diante de cães ferozes.

Agora, quarenta dias depois, os desertores impotentes tornaram-se impetuosos militantes do poder que transforma vidas. Pedro está pregando no mesmo recinto em que Cristo foi preso. Os seguidores de Cristo agora desafiam os inimigos dele. Açoitem-nos, e eles vão gostar. Pendam-nos, e eles começarão um ministério na prisão. A coragem que demonstram após a ressurreição é tão intensa quanto a covardia que demonstraram antes dela.

A explicação:

Ganância? Eles não ganham dinheiro com isso.

Poder? Eles dão todo o crédito a Cristo.

Popularidade? A maioria deles será executada por suas crenças.

Só resta uma explicação — um Cristo ressuscitado e o seu Espírito Santo. A coragem desses homens e mulheres foi forjada no fogo de um sepulcro vazio.

Explique por que o Espírito Santo é uma dádiva maravilhosa de Deus.

Quando as esperanças não se realizam

No dia da adversidade ele me guardará protegido em sua habitação.
Salmos 27:5

O que fazemos com as nossas frustrações? Podemos fazer o que Miss Haversham fez. Lembra-se dela no livro *Grandes esperanças*, de Charles Dickens? Abandonada pelo noivo na véspera do casamento, ela fechou todas as janelas da casa, fez parar todos os relógios, deixou o bolo criando teias de aranha sobre a mesa e usou o vestido de noiva até ele amarelar e se desmanchar sobre o seu corpo decadente. O coração ferido consumira a sua vida.

Podemos agir da mesma forma.

Ou podemos imitar o exemplo do apóstolo Paulo. Seu objetivo era ser missionário na Espanha... mas Deus o mandou para a prisão. Sentado numa cela em Roma, ele poderia ter feito a mesma escolha de Miss Haversham, mas não fez. Em vez disso, ele decidiu: "Já que estou aqui, vou escrever umas cartas". É por isso que você tem em sua Bíblia as epístolas de Filemom, Filipenses, Colossenses e Efésios.

Uma reação positiva às frustrações pode trazer alegria para a nossa vida e glorificar a Deus. Explique por quê.

Sem restrições

Ele nos ama e nos libertou dos nossos pecados por meio do seu sangue.
Apocalipse 1:5

Quando amamos, dizemos, cheios de expectativas: "Eu te amo. Mas amaria ainda mais se..."

O amor de Cristo não tem nada disso. Nenhuma exigência, nenhuma expectativa, nenhuma intenção oculta, nenhum segredo. Seu amor por nós era, e ainda é, direto e cristalino. "Eu te amo", ele diz, "mesmo que você me abandone. Eu te amo apesar dos teus erros."

Um passo depois das expectativas de Cristo, vem o seu perdão e a sua ternura. Mesmo que você despenque da corda bamba sobre a qual o Mestre o colocou, você aterrissará com segurança em sua rede de tolerância.

Pense em algumas ocasiões em que você aterrissou com segurança na "rede da tolerância de Deus". Como isso afeta a sua tolerância para com os outros?

Busque a Deus em primeiro lugar

Esta é a minha aliança com eles quando eu remover os seus pecados.

Romanos 11:27

Deus faz mais que perdoar os nossos pecados. Ele os remove! Temos apenas de apresentá-los a ele.

Ele quer não só os pecados que cometemos no passado, mas também os que cometemos agora! Você está cometendo algum pecado? Está bebendo demais? Está ludibriando alguém no trabalho ou traindo no casamento? Está administrando mal o dinheiro? Está administrando mal a sua vida?

Se essas coisas estiverem acontecendo, não finja que não há nada errado. Não finja que não está pecando. Não tente voltar ao jogo. Busque a Deus em primeiro lugar. O primeiro passo depois que você tropeçar deve ser na direção da cruz.

Você conhece alguém que esteja lutando com os próprios erros? Você está? Por que é importante ser honesto com Deus, em vez de fingir que não há nada errado?

Graça transbordante

Onde aumentou o pecado, transbordou a graça.
Romanos 5:20

Transbordar é ter em excesso, ter abundância ou ter em quantidade exagerada. Os peixes do Pacífico se preocupam com o fim do oceano? Não. Por quê? Por que existe muita água no oceano. A cotovia fica ansiosa por encontrar espaço no céu para voar? Não. Porque há muito espaço no céu.

Será que o cristão deve se preocupar com um possível esvaziamento do cálice da misericórdia? Sim, pode ser que alguém se preocupe, porque talvez não saiba que a graça de Deus é transbordante. E você, por acaso sabe que o cálice que Deus lhe oferece está transbordando de misericórdia? Ou tem medo de que o cálice de Deus fique vazio? Que a garantia expire? Que os seus erros sejam grandes demais para a graça de Deus?

Deus não é mesquinho em nada, muito menos com a sua maravilhosa graça. Pode parecer que o cálice que você tem nas mãos esteja quase vazio, mas a verdade é que ele está transbordando de misericórdia.

Você já se preocupou com um possível esvaziamento do cálice da misericórdia de Deus? Por que isso é tolice?

Julho

Guia-me com a tua verdade e ensina-me,
pois tu és Deus, meu Salvador.

Salmos 25:5

Água espiritual

A água que eu lhe der se tornará nele uma fonte de água a jorrar para a vida eterna.

João 4:14

Prive o seu corpo dos fluidos necessários, e ele se manifestará.

Prive a sua alma da água espiritual, e ela o alertará. Corações desidratados enviam mensagens desesperadas. O humor se altera. Ondas de preocupação. Mastodontes de culpa e medo mostram as presas. Acha que Deus quer que você conviva com isso? Desespero. Insônia. Solidão. Rancor. Irritabilidade. Insegurança. São os avisos. Sintomas de uma profunda aridez interior.

Trate de sua alma como trataria de sua sede. Beba um gole. Dê a si mesmo a hidratação necessária. Inunde o seu coração com um bom gole de água.

Mas onde encontrar a água para a alma? "Se alguém tem sede, venha a mim e beba."

Você convive com o desespero? Sente insônia? Solidão? Ressentimento? Rancor? Insegurança? O que você pode fazer para tratar esse sintomas de seca espiritual?

A LINHA DO TEMPO DA HISTÓRIA

[...] para pregar o evangelho [...] para que a cruz de Cristo não seja esvaziada.

1CORÍNTIOS 1:17

A cruz repousa sobre a linha do tempo da história como um diamante em exposição. Sua tragédia chama todos os sofredores. Seu paradoxo atrai todos os cínicos. Sua esperança encanta todos os pesquisadores.

A história a idolatrou e também a desprezou, cobriu-a de ouro e a queimou, usou-a e a jogou fora. A história fez tudo com ela, menos ignorá-la.

Essa é uma opção que a cruz não oferece.

Ninguém pode ignorá-la! Você não pode ignorar a viga de madeira que sustenta a maior reivindicação da história. Um carpinteiro crucificado que alega ser o Deus de toda a terra? Divino? Eterno? O matador da morte?

Aceitar ou rejeitar a Cristo sem um exame criterioso do Calvário é como diagnosticar o problema de um carro sem examinar o motor. Ser religioso sem conhecer a cruz é como ter uma Mercedes sem motor. O invólucro é bonito, mas onde está o seu poder?

"Aceitar ou rejeitar a Cristo sem um exame criterioso do Calvário é como diagnosticar o problema de um carro sem examinar o motor." O que isso significa?

Uma lista de nossos pecados

[Cristo] cancelou a escrita de dívida [...]
Ele a removeu, pregando-a na cruz.
Colossenses 2:14

Acompanhe-me até o monte Calvário. Observe como os soldados deitam o Carpinteiro no chão e esticam os braços dele no sentido das traves. Um deles pressiona o joelho contra um antebraço e um cravo contra uma das mãos. Jesus vira a cabeça para olhar o prego no momento em que o soldado levanta o martelo.

A multidão ao pé da cruz conclui que a intenção das marteladas é pregar as mãos de Cristo na madeira. Estão certos, mas apenas em parte. Não podemos culpá-los de não perceberem um segundo propósito. Eles não podem vê-lo.

Entre a mão de Cristo e a madeira há uma lista. Uma longa lista de nossos erros: nossas luxúrias e mentiras, nossos momentos de ganância e nossos anos pródigos. Uma lista de nossos pecados.

Essa lista, entretanto, não pode ser lida. As palavras não podem ser decifradas. Os erros estão escondidos. Os pecados estão ocultos. Os que apareciam no topo da lista foram tapados pela sua mão; os que estavam embaixo foram cobertos pelo seu sangue.

Quando você se lembra de que o sangue de Jesus cobriu os seus pecados e os seus erros, qual a sua reação?

O BASTANTE PARA UM DIA

Eu lhes farei chover pão do céu. O povo sairá e recolherá diariamente a porção necessária para aquele dia.

ÊXODO 16:4

Deus libertou os seus filhos da escravidão e abriu um caminho para eles através do mar. Deu a eles uma nuvem para seguirem durante o dia e uma coluna de fogo para orientá-los à noite. Também lhes deu alimento. Com isso, atendeu à necessidade mais básica: encher o estômago deles.

Toda manhã, o maná caía. Toda tarde, as codornizes apareciam. "Confiem em mim. Confiem em mim, e lhes darei tudo de que precisarem." O povo foi instruído a recolher apenas o suficiente para um dia. Suas necessidades seriam atendidas um dia de cada vez.

"Pegue apenas o suficiente para um dia", era a mensagem de Deus. "Deixe-me cuidar do amanhã."

O Pai queria que o povo confiasse nele.

Deus atende às nossas necessidades um dia de cada vez. Como isso afetaria a nossa maneira de viver?

INEXPLICÁVEL

O SENHOR, o Redentor, o Santo de Israel.
ISAÍAS 49:7

Gerações depois de lhe terem cuspido na face, ele ainda os ama. Depois de uma nação de escolhidos o haver despido e retalhado o corpo em que estava encarnado, ele ainda morre por eles. E até hoje, quando bilhões de pessoas preferem se prostituir para os cafetões do poder, da fama e da riqueza, ele ainda os espera.

É inexplicável. Não há nisso uma gota de lógica nem um fio de racionalidade.

No entanto, essa irracionalidade é que constitui a melhor defesa do evangelho. Porque só Deus é capaz de amar dessa maneira.

É absurdo pensar que tal nobreza se tornaria tão pobre só para compartilhar esse imenso tesouro com tantas almas ingratas.

Mas ele o fez.

Você também fica maravilhado e perplexo com a irracionalidade do amor de Deus? Por que isso representaria um real encorajamento para você?

Uma avaliação honesta

Guia-me com a tua verdade e ensina-me,
pois tu és Deus, meu Salvador.
SALMOS 25:5

Levante a mão se alguma das frases abaixo descreve você.

Você está em paz com todo mundo. Todos os seus relacionamentos são doces como chocolate. Até mesmo as suas antigas paixões falam bem de você. Você ama a todos e é amado por todos. Você é assim? Você não tem medo de nada. Você é invulnerável. A bolsa despenca em Wall Street — sem problema. Você descobre que está doente do coração — nem aí. Isso descreve você? Você não precisa de perdão. Você nunca cometeu um erro. É tão certinho quanto um tabuleiro de damas. Tão limpo quanto a cozinha da vovó. Esse é você? Não?

Vamos analisar a sua situação. Alguns de seus relacionamentos são instáveis. Você tem os seus medos e comete erros. Humm. Tem certeza de que quer insistir na autoconfiança? Está me parecendo que você deveria conversar com um pastor.

Faça uma lista de motivos pelos quais você precisa de um pastor e ao lado de cada item escreva por que você é grato a Deus por ele ser o seu Pastor.

SAIBA QUAL É A SUA PARTE

Humildemente considerem os outros superiores a si mesmos.
FILIPENSES 2:3

A verdadeira humildade não é fazer pouco caso de si mesmo, mas pensar cuidadosamente a respeito de si próprio. O coração humilde não diz: "Não posso fazer nada." Ele diz: "Não posso fazer tudo. Mas sei qual é a minha parte, e ficarei feliz em cumpri-la."

Paulo, ao escrever: "Considerem os outros superiores a si mesmos" (Filipenses 2:3), usa um verbo que significa "calcular", "avaliar". Essa palavra implica um julgamento consciente apoiado em fatos avaliados criteriosamente. Considerar os outros superiores a si mesmo, portanto, não é dizer que você não tem lugar, mas que você conhece o seu lugar. "Não se amoldem ao padrão deste mundo, mas transformem-se pela renovação da sua mente, para que sejam capazes de experimentar e comprovar a boa, agradável e perfeita vontade de Deus" (Romanos 12:2).

"A verdadeira humildade não é fazer pouco caso de si mesmo, mas pensar cuidadosamente a respeito de si próprio." Explique o que essa declaração significa.

Aguente até o fim

Aquele que perseverar até ao fim será salvo.
Mateus 10:22

Você está prestes a desistir? Por favor, não faça isso! Está desanimado como pai? Aguente firme. Está cansado de fazer o bem? Faça um pouco mais. Está pessimista a respeito de sua carreira? Arregace as mangas e tente de novo. Não há mais comunicação no seu casamento? Dê a ele outra chance.

Lembre-se: quem cruza a linha de chegada não é alguém sem machucados ou uma pessoa descansada. Pelo contrário. O boxeador normalmente está sangrando e apresenta marcas no corpo. Assim como o nosso Mestre, quem luta está ferido e sente muita dor. E, como Paulo, pode até ter sido amarrado a um poste e açoitado. Mas ele aguenta.

A Terra Prometida, diz Jesus, está à espera dos que aguentam até o fim. Não é apenas para quem chega em primeiro lugar. Não mesmo. Simplesmente, a Terra Prometida será de quem perseverar até o fim.

Você conhece alguém que cansou de ser fiel? Alguém que sente não ter mais forças? O que você faria para incentivar essa pessoa a permanecer firme?

CRISTO VEIO SERVIR

Purificarei os lábios dos povos, para que todos eles invoquem o nome do SENHOR e o sirvam de comum acordo.

SOFONIAS 3:9

Jesus veio servir. Ele permitiu que uma mulher de Samaria interrompesse o seu descanso, que uma adúltera interrompesse o seu sermão, que uma enferma interrompesse os seus planos e que uma mulher cheia de remorsos interrompesse a sua refeição.

Nenhum dos seus apóstolos lhe lavou os pés, mas ele lavou os pés dos apóstolos. Nenhum dos soldados ao pé da cruz implorou o seu perdão, mas ele o concedeu. Todos os seus seguidores fugiram como coelhos assustados na quinta-feira, mas ele voltou para procurá-los no Domingo de Páscoa. O Rei ressuscitado só ascendeu aos céus depois de passar quarenta dias com os amigos — ensinando, encorajando... e servindo a todos.

Por quê? Porque foi isso que ele veio fazer. Ele veio servir.

Jesus exemplifica a vida de servo. Como você pode aplicar esse exemplo à sua vida?

Selado com o Espírito

Quando vocês ouviram e creram [...] foram selados em Cristo com o Espírito Santo da promessa.
Efésios 1:13

O "selo" mais famoso do Novo Testamento é o da sepultura de Jesus. Os soldados Romanos colocaram uma grande pedra à entrada do túmulo e "lacraram a pedra" (Mateus 27:66). Os arqueólogos imaginam duas fitas esticadas à entrada da tumba, coladas com cera endurecida e identificadas com a insígnia do Império Romano: SPQR (*Senatus Populusque Romanus*). Era como um aviso: "Não se aproxime! O conteúdo deste túmulo pertence a Roma." Aquele selo, é claro, mostrou-se inútil.

O selo do Espírito, entretanto, revelou-se poderoso. Quando você aceitou a Cristo, Deus o selou com o Espírito: "Quando vocês ouviram e creram [...] foram selados em Cristo com o Espírito Santo da promessa." Quando os intrusos do inferno se aproximam para tentar arrancá-lo da santa presença de Deus, o selo os manda embora. Ele comprou você. Ele é o seu dono e o protege. Deus pagou um preço muito alto para deixar você desguarnecido.

Assim como a tumba selada estava protegida, o selo do Espírito protege o cristão. De que forma essa verdade encoraja você?

A via Dolorosa

Deus em Cristo estava reconciliando consigo o mundo.
2Coríntios 5:19

O itinerário mais famoso do mundo é a via Dolorosa, o caminho das Dores. De acordo com a tradição, foi o trajeto percorrido por Jesus desde a casa de Pilatos até o Calvário. Esse caminho é assinalado por estações pelas quais passam os cristãos devotos. Uma das estações marca o veredicto de Pilatos. Outra, o lugar de onde Simão começou a carregar a cruz. São catorze estações ao todo, e cada uma lembra os acontecimentos da última jornada de Cristo.

Mas teria sido esse o itinerário correto? Provavelmente não. Ninguém sabe o caminho exato que Cristo percorreu naquela sexta-feira.

Contudo, sabemos onde ele de fato começou.

Esse caminho não começou na corte de Pilatos, mas nos átrios do céu. O Pai começou a sua jornada quando deixou a sua casa à nossa procura. Seu desejo era singular — levar os seus filhos de volta para casa.

O caminho até a cruz nos diz exatamente quão longe ele foi para nos chamar de volta.

De que forma você poderia agradecer a Cristo por ter percorrido o doloroso caminho até a cruz?

Pessoas que fazem a diferença

O homem bom do seu bom tesouro tira coisas boas.
Mateus 12:35

Diga o nome das dez pessoas mais ricas do mundo. Diga o nome de oito pessoas que ganharam o Prêmio Nobel ou o Pulitzer.

Conseguiu? Eu também não. Com exceção dos especialistas da mídia, nenhum de nós é capaz de lembrar os detalhes das manchetes de ontem. É surpreendente a rapidez com que esquecemos as coisas, não? E o que mencionei acima não são conquistas insignificantes. Eles são os melhores em suas respectivas áreas. Mas os aplausos cessam. Os prêmios perdem o brilho. As conquistas são esquecidas.

Aqui está outro jogo de perguntas e respostas. Veja como você se sai desta vez.

Diga o nome de dez pessoas que ensinaram alguma coisa útil a você.

Diga o nome de cinco amigos que o ajudaram numa situação difícil.

Ficou mais fácil? Para mim também. A lição? As pessoas que fazem a diferença não são aquelas cheias de credenciais, mas aquelas que se preocupam.

Pense em algumas pessoas que fizeram a diferença em sua vida. Por que é fácil para você lembrar-se de cada uma dessas pessoas?

Cristo no tempo presente

Jesus Cristo é o mesmo, ontem, hoje e para sempre.
Hebreus 13:8

"Sou Filho de Deus" (João 10:36).

"Eu sou a ressurreição e a vida" (João 11:25).

"Eu sou o caminho, a verdade e a vida" (João 14:6).

"Eu sou a videira verdadeira" (João 15:1).

Cristo no tempo presente. Ele nunca diz: "Eu era." Nós dizemos. Dizemos porque "éramos". Éramos mais jovens, mais rápidos e mais belos. Propensos a ser pessoas do passado, apenas recordamos. Mas isso não acontece com Deus. Firmado em seu poder, ele nunca diz: "Eu era."

No centro da tempestade, Jesus grita com firmeza: "Eu sou." Do alto dos destroços da Trade Tower. Corajoso contra as ondas do mar da Galileia. Nos campos de batalha. Nas salas de reuniões, na prisão ou na maternidade — qualquer que seja a sua tormenta, ele lhe diz: "Eu sou."

Você ou alguém que é chegado a você está enfrentado alguma tormenta agora? Como o conhecimento do tempo presente de Cristo pode ajudar você ou essa pessoa a permanecer calmo no centro da tempestade?

DEUS PERDOA

Bendiga o SENHOR a minha alma [...] É ele
que perdoa todos os seus pecados.
SALMOS 103:1,3

Deus não se lembra do passado. Mas eu me lembro, e você se lembra. Você ainda se lembra. Você é como eu. Ainda se lembra do que fez antes de mudar. No porões do coração, é assombrado pelos fantasmas dos pecados de ontem. Pecados que você confessou, erros dos quais se arrependeu, prejuízos que fez o possível para reparar.

Aquela horrível mentira.

Aquela vez em que explodiu de raiva.

Agora, falando francamente, você acha que Deus estava exagerando quando disse que ele afasta de nós as nossas transgressões para tão longe quanto o Oriente está do Ocidente? Você realmente acredita que o maravilhoso Senhor faria uma declaração como esta: "Não me lembrarei mais dos seus pecados" (Jeremias 31:34), e depois os esfregaria em nosso nariz toda vez que pedíssemos ajuda?

Claro que não! Eu e você precisamos apenas de um lembrete ocasional da natureza de Deus, de sua natureza misericordiosa e perdoadora.

Você não está feliz pela natureza perdoadora
de Deus? De que forma ela pode exercer
um efeito positivo em sua vida?

Cuidado com a ganância!

Quem ama o dinheiro jamais terá o suficiente; quem ama as riquezas jamais ficará satisfeito com os seus rendimentos.

Eclesiastes 5:10

A ganância apresenta-se sob muitas formas. Ganância por aprovação. Ganância pelo aplauso. Ganância por posição. Ganância pela melhor classificação, pelo carro mais rápido, pela namorada mais bonita. A ganância tem muitas faces, mas fala apenas uma língua: a língua do cada vez mais. Epicuro observou: "Nada é suficiente para o homem a quem o suficiente é muito pouco." E qual foi a observação de John D. Rockfeller? Quando lhe perguntaram quanto dinheiro deixaria um homem satisfeito, ele respondeu: "Apenas um pouco mais." Foi sábio quem escreveu: "Quem ama o dinheiro jamais terá o suficiente; quem ama as riquezas jamais ficará satisfeito com os seus rendimentos" (Eclesiastes 5:10).

A ganância está sempre de estômago vazio. Alimente-a, e estará arriscando mais que um rombo no orçamento. Estará pondo em risco os seus propósitos.

Descreva algumas das faces da ganância que você tem observado. Quais os resultados dessas formas de ganância?

Não há limites para o seu amor

Nisto conhecemos o que é o amor: Jesus Cristo deu a sua vida por nós.

1João 3:16

A inclusão é uma coisa boa. Mas nem sempre acontece. Você será excluído da universidade se não for inteligente o bastante. Será excluído dos negócios se não for qualificado. E, lamentavelmente, será excluído de algumas igrejas se não for considerado bom o suficiente.

Mas, embora possam excluir você, Cristo o aceita. Quando lhe pediram para descrever o seu amor, ele estendeu uma mão para o lado direito e a outra para o lado esquerdo e deixou que elas fossem pregadas assim, para que soubéssemos que ele morreu nos amando.

Mas não haveria um limite? Sem dúvida, deve existir um termo para esse amor. É o que você acredita, não é mesmo? Mas Davi, o adúltero, jamais encontrou esse limite. Paulo, o assassino, nunca o encontrou. Pedro, o mentiroso, também não. Quando isso aconteceu, eles chegaram ao fundo do poço. Mas quando se trata do amor de Deus, eles jamais chegaram a um limite.

Jamais encontraremos um limite para o amor de Deus. Como isso poderia afetar a sua maneira de viver?

Deus, o seu guardião

Ele o cobrirá com as suas penas, e sob as suas asas você encontrará refúgio.

Salmos 91:4

A imagem de uma vida à sombra do Shaddai faz-me lembrar de um piquenique que fizemos. Eu e meus colegas de escola escapamos por pouco de uma tempestade no Texas antes que ela despencasse sobre o parque onde passávamos uma tarde de sábado. Estávamos indo embora quando o meu amigo parou o carro bruscamente e fez um gesto na direção de algo que avistara na estrada. A fêmea de um pássaro estava exposta à chuva com a asa estendida sobre o filhote, que caíra do ninho. A força da tempestade não a deixava voltar para a árvore, por isso ela ficou cobrindo o filhote até o vento acalmar.

De quantos ventos Deus está protegendo você? Suas asas estão cobrindo você neste momento. O difamador que estava se dirigindo à sua mesa foi interrompido por um telefonema. O ladrão a caminho de sua casa teve um pneu furado. O motorista bêbado ficou sem gasolina antes de ultrapassar o seu carro. Deus, o seu guardião, está protegendo você.

Neste exato momento e em todos os outros, Deus está protegendo você. O que isso significa para você?

SATISFAÇÃO

Quem segue a justiça e a lealdade encontra vida, justiça e honra.
PROVÉRBIOS 21:21

Em nosso mundo, a satisfação é como um vendedor de rua que caminha à procura de um lar, mas raramente encontra uma porta aberta. Ele anda de casa em casa, bate em todas as portas e oferece os seus produtos: um momento de paz, um sorriso de aceitação, um sinal de alívio. Mas poucos compram os seus produtos. Estamos ocupados demais para nos sentir satisfeitos.

"Agora não, obrigado. Tenho muito que fazer", dizemos. "Há muitas metas a atingir, muita coisa para conquistar."

Então, o vendedor se afasta. Pergunto-lhe por que tão poucos o recebem em suas casas, e a resposta dele me convence: "Meu preço é alto. Eu cobro muito caro. Peço que as pessoas me entreguem as suas agendas, frustrações e ansiedades. Exijo que ponham um fim aos seus dias de catorze horas de trabalho e às noites insones. Você deve estar pensando que, se eu não fizesse assim, venderia mais." Então o vendedor — que representa a satisfação — coça a barba e acrescenta, pensativo: "Mas as pessoas parecem estranhamente orgulhosas de suas úlceras e de suas dores de cabeça."

Faça uma lista de coisas que você poderia fazer para trocar as suas frustrações e a sua ansiedade por paz e descanso.

Faça a sua escolha

Acima de tudo, guarde o seu coração [ou os seus pensamentos], pois dele depende toda a sua vida.
Provérbios 4:23

Você está se dirigindo para o trabalho, e as palavras de um colega vêm à lembrança. Ele criticou o seu desempenho, questionou a sua eficiência. Por que foi tão exigente com você? E você pensa: "Não mereço isso. Quem ele pensa que é para me criticar? Além disso, não passa de um sonso. Já viu os sapatos que ele usa?"

Nesse ponto, você precisa fazer uma escolha. "Eu poderia fazer uma lista dessas injustiças." Você pode.

Ou pode fazer outra coisa. Pode tornar esses pensamentos cativos. Pode impugnar o ofensor. Cite este versículo, se for preciso: "Abençoem aqueles que os perseguem; abençoem, e não os amaldiçoem" (Romanos 12:14).

Você não é refém de seus pensamentos. Você tem direito a voto. Faça a sua escolha.

Você alguma vez já se sentiu refém de seus pensamentos? Por que é importante tornar esses pensamentos cativos?

Deus ama a humildade

O Senhor agrada-se do seu povo; ele coroa de vitória os oprimidos.

Salmos 149:4

Com a mesma intensidade com que odeia a arrogância, Deus ama a humildade. O Jesus que disse: "Sou manso e humilde de coração" (Mateus 11:29) ama os que também são mansos e humildes de coração. "Embora esteja nas alturas, o Senhor olha para os humildes" (Salmos 138:6). Deus diz: "Habito [...] com o contrito e humilde de espírito" (Isaías 57:15). Ele também diz: "A este eu estimo: ao humilde e contrito de espírito" (Isaías 66:2). Deus tem grandes tesouros para o humilde:

Ele lhe confere honra: "A humildade antecede a honra" (Provérbios 15:33).

Ele lhe concede sabedoria: "A sabedoria está com os humildes" (Provérbios 11:2).

Ele lhe dá orientação: "[Deus] conduz os humildes na justiça" (Salmos 25:9).

E, o mais importante, ele o presenteia com a graça: "[Deus] concede graça aos humildes" (1Pedro 5:5).

Por que Deus ama e recompensa a humildade?

Nosso Pai amoroso

Vejam como é grande o amor que o Pai nos concedeu: sermos chamados filhos de Deus.

1João 3:1

Quando a minha filha mais velha, Jenna, tinha 4 anos de idade, ela veio até mim e fez uma confissão:

— Papai, peguei um lápis de cor e risquei a parede. (As crianças me espantam com a sua honestidade.) Sentei-me, coloquei-a em meu colo e tentei ser sábio.

— Isso é uma coisa boa para se fazer? — perguntei.

— Não.

— O que o papai faz quando você escreve na parede?

— Você me bate.

— O que você acha que o papai deveria fazer desta vez?

— Amar.

Não é o que todos nós queremos? Não desejamos todos um pai que, embora os nossos erros estejam escritos por toda a parede, nos ame mesmo assim?

Mas temos esse tipo de pai. Um pai que age da melhor maneira quando agimos da pior. Um pai cuja graça é mais forte quando a nossa devoção é fraca.

Explique por que o nosso Pai celestial age da melhor maneira quando agimos da pior.

O QUE A ADORAÇÃO FAZ

Louvem-no, vocês que temem o SENHOR!

SALMOS 22:23

A adoração humilha os soberbos e exalta os humildes.

A adoração nos equaliza abaixando o queixo dos arrogantes e endireitando as costas dos oprimidos.

A adoração põe os adoradores no devido lugar. E como precisamos disso! Andamos pela vida cansados e fora de forma. Pessoas com cinco talentos se gabam: "Aposto que Deus está feliz por ter a mim." Pessoas com dois talentos suspiram: "Aposto que Deus está cansado de me suportar." Às vezes, nos valorizamos tanto que pensamos que alguém morreu e nos legou um reino. Em outras ocasiões, estamos tão abatidos que pensamos que todos morreram e nos abandonaram.

Trate ambas as situações com adoração.

Por que a adoração humilha os soberbos e exalta os humildes?

Marque presença

Será exercido juízo sem misericórdia sobre
quem não foi misericordioso.
TIAGO 2:13

Nada substitui a sua presença. Cartas são gentis. Telefonemas são especiais, mas estar lá pessoalmente envia uma mensagem.

Depois que a mulher de Albert Einstein morreu, a irmã dele, Maja, estava lá para ajudá-lo nos afazeres domésticos. Durante catorze anos, ela cuidou de Einstein, e isso permitiu que ele continuasse com as suas valiosas pesquisas. Em 1950, ela sofreu um derrame e entrou em coma. Então Einstein, todas às tardes, passava duas horas lendo Platão para ela. Maja não dava nenhum sinal de estar entendendo o que ele dizia, mas Einstein lia assim mesmo. E, se ela entendeu alguma coisa desse gesto, foi isto: Einstein acreditava que ela era merecedora do tempo dele.

Você acredita nos seus filhos? Então marque presença. Apareça em suas competições esportivas. Compareça às suas apresentações. Você acredita nos seus amigos? Então marque presença. Esteja em suas formaturas e casamentos. Passe algum tempo com eles. Quer que alguém dê o melhor de si? Então marque presença.

Faça uma lista de pessoas que precisam de você ao lado delas. Ao lado de cada nome, escreva de que modo você dedicará tempo a elas.

Os fracassos não são fatais

É preciso que prestemos maior atenção ao que temos ouvido, para que jamais nos desviemos.
Hebreus 2:1

Se você perder a fé, provavelmente isso acontecerá de forma gradativa. Você passou alguns dias despercebido, sem consultar a sua bússola. As suas velas estavam baixadas. O cordame não foi inspecionado. E, o pior de tudo, você se esqueceu de jogar a âncora. Assim, antes que você perceba, está sendo jogado de uma onda para outra num mar tempestuoso.

E, a menos que ancore bem fundo, você irá afundar.

Mas como você lança a âncora bem fundo? Leia o versículo outra vez: "É preciso que prestemos maior atenção *ao que temos ouvido...*" (grifo do autor).

Os pontos de ancoragem mais confiáveis não são as descobertas recentes, mas as verdades testadas pelo tempo, que se mantêm firmes contra os ventos das mudanças. Verdades como: "A minha vida não é inútil. Os meus fracassos não são fatais. A minha morte não é o fim."

Ancore a sua alma a essas rochas, e nenhuma onda será grande o bastante para fazê-lo afundar.

Faça uma lista de algumas verdades básicas da Palavra de Deus que foram testadas pelo tempo.

Mais que uma família

Em Cristo nós, que somos muitos, formamos um corpo, e cada membro está ligado a todos os outros.

Romanos 12:5

Se experiências semelhantes criam amizades, não deveria a igreja transbordar de amizades? Com quais pessoas você tem mais em comum que com os irmãos em Cristo? Maravilhados pela mesma manjedoura, movidos pela mesma Bíblia, salvos pela mesma cruz e destinados ao mesmo lar. Você pode repetir as palavras do salmista? "Sou amigo de todos os que te temem e obedecem aos teus preceitos" (Salmos 119:63).

A igreja. Mais que uma família, somos amigos. Mais que amigos, somos uma família. Uma família de amigos de Deus.

Diga como a família de amigos de Deus tem exercido influência positiva em sua vida.

DEUS CRIOU TODAS AS COISAS

Nele foram criadas todas as coisas nos céus e na terra, as visíveis e as invisíveis, sejam tronos ou soberanias, poderes ou autoridades; todas as coisas foram criadas por ele e para ele.
COLOSSENSES 1:16

Que lista fenomenal! Céus e terra. O visível e o invisível. Tronos, soberanias, poderes e autoridades. Nenhuma coisa, lugar ou pessoa se omitiu. O espinho no ouriço-do-mar. As cerdas da cauda do elefante. O furacão que arrasa a costa, a chuva que nutre o deserto, a primeira batida do coração de uma criança, o último suspiro de um idoso — tudo pode ser rastreado até as suas origens, e chegará até a mão de Cristo, o primogênito da criação.

No vernáculo de Paulo, "primogênito" não tem relação com a ordem de nascimento. Refere-se à ordem hierárquica. Como a tradução NTLH afirma: "Ele é superior a todas as coisas criadas" (v. 15). Todas as coisas? Encontre uma exceção. A sogra de Pedro está com febre: Jesus repreende a enfermidade. Um imposto precisa ser pago: Jesus envia uma moeda para a boca de um peixe e depois o anzol de um pescador. Jesus... pisca um olho, e a natureza salta alegre e obediente.

Como você reage ao poder criativo de Deus?

Prostre-se diante dele

Acaso Deus não fará justiça aos seus escolhidos, que clamam a ele dia e noite?

Lucas 18:7

Jesus cuida de suas ovelhas. E ele cuidará de você. Se você permitir. Como? E como se permite isso? Os passos são simples.

O primeiro passo é ir até ele. Davi não confiou as suas feridas a nenhuma pessoa que não Deus. Ele disse: "*Tu* me honras, ungindo a minha cabeça com óleo" (Salmos 23:5; grifo do autor). Não, "os teus profetas", "os teus doutores da lei" ou "os teus conselheiros".

O segundo passo é assumir a postura correta. Prostre-se diante de Deus.

Para ser tratada, a ovelha precisa ficar imóvel, abaixar a cabeça e deixar que o pastor faça o seu trabalho. Pedro nos exorta: "Humilhem-se debaixo da poderosa mão de Deus, para que ele os exalte no tempo devido" (1Pedro 5:6).

Quando nos dirigimos a Deus, fazemos pedidos, não exigências. Dirigimo-nos a ele com uma esperança elevada e um coração humilde. Informamos a ele o que queremos, mas oramos pelo que é certo.

Então, aproximemo-nos dele. Inclinemo-nos diante dele e confiemos nele.

Por que hesitamos em permitir que o nosso Pastor cuide de nós?

INCONSISTÊNCIAS CONSISTENTES

Não viva mais para satisfazer os maus desejos humanos, mas sim para fazer a vontade de Deus.
1 PEDRO 4:2

Desconfio que a coisa mais consistente da vida seja a sua inconsistência.

Essa estranha inconsistência é que mantém todos nós, de uma forma ou de outra, vivendo a vida na ponta da cadeira.

Também foi nessa inconsistência que Deus teve o seu momento mais sublime. O profano jamais chegou tão perto do sagrado quanto no Calvário. O bem do mundo jamais esteve tão entrelaçado com o mal quanto na cruz.

Deus numa cruz. A humanidade em seu pior estado. A Divindade em seu melhor estado.

Deus não fica confuso num mundo maligno. Ele não se espanta com a profundidade de nossa fé nem com a dimensão de nossas falhas. Ele conhece a condição do mundo... e o ama exatamente assim. Porque, justamente quando nos encontramos em um lugar onde pensamos que Deus jamais estaria (por exemplo, numa cruz), olhamos de novo, e lá está ele em carne e ossos.

"Deus não fica confuso num mundo maligno." Como essa declaração pode encorajar você? Por quê?

DEUS QUER A SUA LISTA

O amor [...] não guarda rancor.
1CORÍNTIOS 13:4-5

Você conhece a história do homem que foi mordido por um cachorro? Quando ficou sabendo que o animal tinha raiva, ele começou a fazer uma lista. O médico garantiu-lhe que não havia necessidade de fazer um testamento, porque raiva tinha cura. "Ah! Não estou fazendo um testamento", ele respondeu. "Estou fazendo uma lista de todas as pessoas que quero morder."

E não poderíamos todos fazer uma lista assim? Você já sabe que os amigos não são sempre amigáveis, não é? Que os vizinhos não são sempre amistosos? Que certos empregados nunca trabalham e que alguns chefes são sempre mandões?

Você sabe que promessa feita nem sempre é promessa cumprida, não é? Embora eles tenham dito "sim" no altar, podem dizer "não" no casamento.

Você sabe que temos a tendência de revidar? De fazer listas e falar asperamente e resmungar com as pessoas de quem não gostamos?

Deus quer a sua lista. Ele quer que você a deixe na cruz.

Por que é importante deixar nossa lista de pesares na cruz?

Prostrando-se

[...] para que ao nome de Jesus se dobre todo joelho.

Filipenses 2:10

Os verdadeiros servos resistem à resistência. Ulrico Zwínglio manifestou tal espírito. Ele promoveu a unidade durante a Reforma que teve lugar na Europa. A certa altura, porém, achou-se em divergência com Martinho Lutero. Zwínglio não sabia o que fazer. Mas encontrou a resposta certa manhã, na encosta de uma montanha suíça. Ele observava dois bodes que percorriam uma trilha estreita em direções opostas — um subindo, o outro descendo. Em determinado ponto, ficaram impedidos de passar um pelo outro. Os animais se encararam, afastaram-se um pouco para trás e abaixaram a cabeça, como se estivessem prestes a investir um contra o outro. Mas então algo extraordinário aconteceu. O bode que subia deitou-se no meio da trilha. O outro, então, passou por cima dele. Logo em seguida, o primeiro animal levantou-se e continuou a sua caminhada até o topo. Zwínglio observou que o bode chegou mais alto porque se mostrou disposto a ceder.

Não aconteceu o mesmo com Jesus? "Deus [...] lhe deu o nome que está acima de todo nome, para que ao nome de Jesus se dobre todo joelho."

"Os verdadeiros servos resistem à resistência."
Explique o que isso significa.

Deus nos dá esperança

Que o Deus da esperança os encha de toda alegria e paz,
por sua confiança nele, para que vocês transbordem
de esperança, pelo poder do Espírito Santo.
Romanos 15:13

A esperança do céu faz pelo seu mundo o que a luz do sol fez pela despensa da minha avó. Devo a ela o meu amor pelos pêssegos em conserva. Ela os acondicionava e guardava numa despensa subterrânea perto de sua casa, no Texas, um buraco fundo com degraus de madeira, paredes de compensado e cheiro de mofo. Quando era adolescente, costumava entrar lá, fechar a porta e ver quanto tempo aguentava ficar no escuro. Eu me sentava em silêncio, ouvindo apenas a minha respiração e as batidas do coração, até não aguentar mais. Então subia correndo as escadas e abria a porta subitamente. A luz invadia a adega. Que mudança! Momentos antes, eu não conseguia enxergar nada — e de repente podia ver tudo.

Assim como a luz invadia a despensa da minha avó, a esperança de Deus inunda o nosso mundo. Sobre os doentes, ele faz incidir os raios da cura. Aos enlutados, ele promete uma nova reunião. Aos confusos, ele oferece a luz das Escrituras.

Cite uma ocasião em que a luz de Deus inundou
o seu mundo. Que efeito ela teve sobre você?

Agosto

Cresçam [...] na graça e no conhecimento de nosso Senhor e Salvador Jesus Cristo.

2Pedro 3:18

Ele fez isso por você

Considero tudo como perda, comparado com a suprema grandeza do conhecimento de Cristo Jesus, meu Senhor.
Filipenses 3:8

Quer saber a coisa mais bacana sobre a vinda de Cristo ao mundo?

Não foi o fato de aquele que fixou as galáxias ter abdicado de sua posição para pregar batentes de portas ou aturar a insatisfação de algum cliente mal-humorado que queria tudo para ontem, mas que só poderia pagar amanhã.

Não foi o fato de ele não ter se defendido quando acusado do pecado de cada prostituta e de cada marinheiro desde Adão.

Nem mesmo o fato de ele, depois de passar três dias num buraco escuro, ter adentrado a manhã da Páscoa com um sorriso de superioridade e uma pergunta para o insignificante Lúcifer: "Esse foi o seu melhor golpe?"

Tudo isso foi muito, muito bacana.

Mas quer saber a coisa mais bacana a respeito daquele que trocou a coroa celestial por uma coroa de espinhos? Ele fez isso por você. Exatamente por você.

Cristo morreu exatamente por você. O que você tem a dizer do seu grande amor e da sua graça?

O POÇO SEM FUNDO DE DEUS

Quem crer em mim, como diz a Escritura, do seu interior fluirão rios de água viva.

JOÃO 7:38

Você não precisa de goles regulares do reservatório de Deus? Eu preciso. Em inúmeras situações — reuniões estressantes, dias tediosos, longas horas ao volante, viagens cansativas — e muitas vezes por dia, recorro à fonte subterrânea de Deus. Ali experimento mais uma vez a sua obra pelo meu pecado e sua morte, a energia de seu Espírito, sua autoridade e amor.

Beba comigo de seu poço sem fundo. Você não precisa viver com o coração desidratado. Experimente a obra de Cristo na cruz, a autoridade dele sobre a sua vida, seu amor infinito e infalível.

Beba à saciedade. Beba todos os dias. E de seu interior fluirão rios de água viva.

Você está precisando beber alguns goles do vasto reservatório de Deus? Descreva como o trabalho, a energia, o senhorio e o amor dele afetam a sua vida.

Certos dias nunca chegam

Se amarmos uns aos outros, Deus permanece em nós, e o seu amor está aperfeiçoado em nós.

1João 4:12

Algum dia. O inimigo do amor temerário é uma víbora cuja língua domina essa expressão enganosa. "Algum dia", ele diz assobiando.

"Algum dia, vou levá-la num cruzeiro."

"Algum dia, terei tempo para telefonar e conversar."

"Algum dia, as crianças entenderão por que eu estava tão ocupado."

Mas você sabe a verdade, não sabe? Você sabia mesmo antes de eu escrever. Você poderia ter dito isso melhor do que eu.

Alguns dias nunca chegam. E o preço da praticidade é às vezes mais alto que o da extravagância. Mas as recompensas do amor que se arrisca são sempre maiores do que o custo.

Faça um esforço. Invista o seu tempo. Escreva aquela carta. Peça desculpas. Faça uma viagem. Compre o presente. Faça. A oportunidade aproveitada gera a alegria. A oportunidade negligenciada traz o arrependimento.

Faça uma lista de coisas que você está deixando para outro dia. Você quer que elas sejam fontes de pesar ou de alegria?

A MENSAGEM MAJESTOSA

Você deverá dar-lhe o nome de Jesus, porque ele salvará o seu povo dos seus pecados.

MATEUS 1:21

Muitos nomes na Bíblia que se referem ao nosso Senhor são nada menos que majestosos e imponentes: Filho de Deus, O Cordeiro de Deus, Luz do mundo, A Ressurreição e a Vida, A Resplandecente Estrela da Manhã, O Que Há de Vir, Alfa e Omega.

São expressões que excedem os limites da linguagem humana, um esforço de captar o que não pode ser captado: a grandiosidade de Deus. E, por mais que se tente uma proximidade maior, esse objetivo nunca é alcançado. Ouvir esses nomes é como uma banda de Natal do Exército de Salvação tocando o Messias de Handel na esquina. Boa tentativa, mas é só. A mensagem é majestosa demais para um ser mediano.

E é assim com a linguagem. A frase: "Não há palavras para expressar..." é de fato a única que pode ser aplicada honestamente a Deus. Nenhum nome lhe faz justiça.

Escreva os sete nomes de Deus mencionados acima. Ao lado de cada um deles, escreva como esse nome descreve a grandeza de Deus.

A PRISÃO DOS DESEJOS

A vida de um homem não consiste na quantidade dos seus bens.
LUCAS 12:15

Você está numa prisão? Sim, caso se sinta melhor quando tem mais e pior quando tem menos. Sim, se para você a alegria é uma encomenda recebida, uma transferência bancária, um prêmio ou uma reforma na casa. Se a sua felicidade vem de algo que você deposita, dirige, bebe ou digere, encare a realidade: você está na prisão dos desejos.

Essa é a má notícia. A boa notícia é que tem visita para você. E a sua visita tem uma mensagem que pode lhe render a liberdade condicional. Vá até a sala de visitas. Sente-se na cadeira e olhe para o outro lado da mesa. É o salmista Davi. Ele acena para que você chegue mais perto. "Tenho um segredo para lhe contar", ele sussurra. "É o segredo da satisfação: 'O SENHOR é o meu pastor; de nada terei falta'" (Salmos 23:1).

É como se ele estivesse dizendo: "O que possuo em Deus excede em muito o que não tenho na vida."

Será que você e eu não deveríamos aprender a dizer o mesmo?

Explique por que o que temos em Deus excede em muito o que não temos na vida.

O AMOR NÃO SE VANGLORIA

O amor [...] não se vangloria, não se orgulha.
1 CORÍNTIOS 13:4

O coração humilde honra os outros. Jesus não é o nosso exemplo? Contente de ser conhecido como um carpinteiro. Feliz por ser confundido com o jardineiro. Ele serviu os discípulos lavando os pés deles. Ele também nos serve. Toda manhã, ele nos presenteia com a beleza do dia. Todo domingo, chama-nos à sua mesa. E o tempo todo habita o nosso coração. E ele já mencionou o dia em que "se vestirá para servir, fará que se reclinem à mesa, e virá servi-los" (Lucas 12:37)?

Se Jesus se mostra tão disposto a nos honrar, não deveríamos fazer o mesmo pelos outros? Faça das pessoas uma prioridade. Aceite a sua parte no plano divino. Seja rápido em compartilhar o aplauso. E, acima de tudo, considere os outros mais importantes que você. O amor faz isso. Porque o amor "não se vangloria, não se orgulha".

Você faz das pessoas uma prioridade? Você é rápido em compartilhar o aplauso? Por que essas coisas são importantes para Deus?

Uma dádiva não merecida

A graça de Deus, isto é, a dádiva pela graça de um só homem, Jesus Cristo, transbordou [...] para muitos!

Romanos 5:15

Estamos sempre tentando conquistar, diagnosticar ou pagar o dom gratuito da salvação, em vez de simplesmente aceitá-lo e agradecer por ele.

Por irônico que possa parecer, uma das coisas mais difíceis de fazer é ser salvo pela graça. Algo em nós reage a esse presente de Deus. Temos a estranha compulsão de criar leis, sistemas e regras que nos tornem "dignos" de receber essa dádiva preciosa.

Por que agimos assim? O único motivo que me vem à mente é o orgulho. Aceitar a graça significa reconhecer a nossa carência, e a maioria de nós não gosta de fazer isso. Aceitar a graça significa também que a pessoa percebe o seu desespero — e a maioria das pessoas também não fica entusiasmada com isso.

"Aceitar a graça significa reconhecer a nossa carência." Por que, para a maioria das pessoas, é tão difícil fazer isso?

Você pertence a ele

Deus derramou seu amor em nossos corações, por meio do Espírito Santo que ele nos concedeu.

Romanos 5:5

No mais profundo de seu ser, o Espírito de Deus confirma com o seu espírito que você pertence a ele. Sob as partes vitais do coração, o Espírito de Deus sussurra: "Tu és meu. Eu te comprei e te selei, e ninguém pode tomar você de mim." O Espírito oferece um testemunho interior e reconfortante.

Ele é como o pai que segura a mão do filho pequeno. A criança sabe que pertence ao seu pai, a sua mão pequena envolvida por aquela mão enorme. Ela não tem nenhuma dúvida sobre o amor do pai. Mas, e se de repente o pai, movido por algum impulso, tomar o filho nos braços, balançá-lo no ar e dizer: "Eu te amo, filho!"?

Significa que o relacionamento entre os dois mudou? Em certo nível, não. O pai não é mais pai do que era antes de expressar o seu amor. Num nível mais profundo, sim. O pai encharcou, banhou e saturou a criança de amor. O Espírito de Deus faz o mesmo conosco. Ele derrama o amor de Deus em nosso coração.

O Espírito Santo derrama o amor de Deus em nosso coração. Cite algumas diferenças que isso tem feito em sua vida.

Ele trocou de lugar conosco

Cristo nos redimiu da maldição da Lei quando se tornou maldição em nosso lugar.
Gálatas 3:13

Lá na cruz, Jesus sentiu a indignidade e a desgraça de um criminoso. Não, ele não era culpado. Não, ele não cometeu pecado algum. E não, ele não merecia ser executado. Mas você e eu pecamos e merecíamos a condenação. Sem nada a oferecer em nossa defesa além de uma oração.

Jesus trocou de lugar conosco. Ele vestiu o nosso pecado para que pudéssemos vestir a sua justiça.

Embora tenhamos chegado à cruz vestidos de pecado, nós a deixamos vestidos com a capa de seu zelo (Isaías 59:17) e cingidos com a faixa da retidão e o cinturão da fidelidade (Isaías 11:5). Vestimos ainda as "vestes da salvação" (Isaías 61:10).

Na verdade, deixamos a cruz revestidos dele próprio, "pois os que em Cristo foram batizados, de Cristo se revestiram" (Gálatas 3:27).

"Estamos revestido do próprio Cristo." Explique o que isso significa.

Isso desafia a lógica

Eis o meu servo, a quem escolhi, o meu amado, em quem tenho prazer.

Mateus 12:18

Quem viu a Jesus — quem realmente o viu — percebeu algo diferente. Ao seu toque mendigos cegos passaram a enxergar. Ao seu comando pernas aleijadas andaram. Pelo seu abraço, vidas vazias foram preenchidas com visão.

Ele alimentou milhares com um único cesto de comida. Acalmou uma tempestade com uma única ordem. Ressuscitou mortos com uma única proclamação. Mudou vidas com um único pedido. Ele alterou o curso da história com uma única vida, viveu sempre no mesmo país, nasceu numa certa manjedoura e morreu num determinado monte.

Deus fez o que não ousaríamos sonhar. Fez o que não seríamos capazes de imaginar. Tornou-se homem para que pudéssemos confiar nele. Tornou-se sacrifício para que pudéssemos conhecê-lo. E derrotou a morte para que pudéssemos segui-lo.

Isso desafia a lógica. É uma insanidade divina. Algo incrivelmente santo.

Só um Criador que extrapola os limites da lógica poderia oferecer tal dádiva de amor.

Que palavras você escolheria para descrever a dádiva do Filho de Deus?

Você tem de escolher

Eu sou o caminho, a verdade e a vida. Ninguém vem ao Pai, a não ser por mim.

João 14:6

A voz definitiva do Universo é Jesus.

Ele nos apresenta duas opções. Aceitá-lo como Deus ou rejeitá-lo. Não há uma terceira alternativa.

Oh, mas sempre tentamos criar uma. Suponha que eu fizesse o mesmo. Imagine que você me encontrasse de pé à beira da estrada. Posso ir para o sul ou para o norte, e você me pergunta que caminho eu estou seguindo. Minha resposta?

— Estou indo para o sulorte.

Você acha que não ouviu direito e pede que eu repita.

— Estou indo para o sulorte. Posso escolher entre o sul e o norte, então estou indo para os dois. Estou indo para o sulorte.

— Não dá para fazer isso! — você responde. — Você tem de escolher.

— Tudo bem. Então vou para o norsul.

— Norsul não é uma opção! — você insiste. — Ou é norte ou é sul. Você tem de escolher.

Quando se trata de Cristo, você tem de fazer a mesma coisa.

Por que não há alternativa além de aceitar ou rejeitar a Cristo?

Amoroso esquecimento

Eu lhes perdoarei a maldade e não me lembrarei mais dos seus pecados.
JEREMIAS 31:34

Amar condicionalmente vai de encontro à natureza de Deus. Assim como é contrário à sua natureza comer árvores e contra a minha natureza ter asas, lembrar-se de pecados perdoados é contrário a natureza de Deus.

Afinal, ou Deus é o Deus da graça perfeita... ou ele não é Deus. A graça esquece. Ponto final. Deus, que é o amor perfeito, não pode guardar rancor. Se o fizer, não é amor perfeito. E, se ele não é amor perfeito, é melhor você parar de ler este livro e ir pescar, porque nós dois estamos correndo atrás de um conto de fadas.

Mas creio no esquecimento amoroso de Deus. E creio que ele tem uma memória misericordiosamente terrível.

"Deus tem uma memória misericordiosamente terrível." Explique por que isso é uma boa notícia.

Escolhendo o contentamento

Aprendi a adaptar-me a toda e qualquer circunstância.
Filipenses 4:11

Em seu livro *Money: A User's Manual* [Dinheiro: manual do usuário), Bob Russell conta a história de um fazendeiro que está insatisfeito com a sua propriedade. Ele se queixava de que o lago da fazenda precisava ser reabastecido e tratado o tempo todo... e todas aquelas vacas gordas passeando pelo pasto. Aquela cerca quilométrica e toda aquela ração — quanta dor de cabeça!

Disposto a vender a fazenda, ele entrou em contato com uma corretora de imóveis. Algumas semanas depois, a corretora telefonou querendo a aprovação do anúncio que pretendia publicar no jornal local. Ela leu o anúncio para o fazendeiro. O texto descrevia uma fazenda espetacular, numa localização perfeita — tranquila e pacífica, cercada por colinas onduladas, atapetada com prados suaves, nutrida por um lago refrescante e abençoada com animais bem criados. O fazendeiro pediu: "Leia de novo."

Depois de ouvir a leitura do anúncio pela segunda vez, ele decidiu: "Mudei de ideia. Não vou mais vender. Durante toda a minha vida procurei um lugar assim."

Como podemos olhar para a vida ou para as circunstâncias de uma perspectiva diferente, que renove o nosso contentamento?

Um amigo de verdade

Existe amigo mais apegado que um irmão.
Provérbios 18:24

Jesus era um fazedor de milagres. Para outros, era um grande mestre. Para outros ainda, era a esperança de Israel. Mas para João ele era mais que isso. Para ele, Jesus era um amigo.

Você não abandona um amigo — nem mesmo quando esse amigo está morto. João estava sempre perto de Jesus.

Ele tinha esse hábito. Estava perto de Jesus no Cenáculo. Estava perto de Jesus no jardim do Getsêmani. Estava ao pé da cruz e não longe do local de sepultamento do Senhor.

Ele entendia Jesus? Não.

Estava feliz por Jesus ter feito o que fez? Não.

Mas se afastou de Jesus? Não.

E você?

O que significa ser amigo de Jesus?

No rumo de casa

Gememos interiormente, esperando ansiosamente nossa adoção como filhos, a redenção do nosso corpo.

Romanos 8:23

O envelhecimento é ideia de Deus. É uma das maneiras de nos manter no rumo de casa. Não podemos mudar o processo, mas podemos mudar de atitude. Aqui está uma ideia. Que tal olhar para o corpo que envelhece como o crescimento de uma tulipa?

Você já viu alguém chorar a morte do bulbo da tulipa? Os jardineiros choram quando o bulbo começa a definhar? Claro que não! Eles não compram cinta para a tulipa ou creme antirrugas para as pétalas nem mandam fazer cirurgia plástica nas folhas. Não choram por um bulbo que morre: eles celebram. Os amantes de tulipas alegram-se quando o bulbo enfraquece. "Veja", eles dizem. "Está prestes a florescer."

Será que o céu não faz o mesmo? Os anjos apontam para o nosso corpo. Quanto mais frágeis nos tornamos, mais animados eles ficam. "Veja aquela senhora no hospital", dizem. "Ela está prestes a florescer. Fique de olho no companheiro de coração ruim. Ele logo virá para casa."

De que forma a nossa cultura promove uma visão negativa do envelhecimento? Em que ela contrasta com a visão de Deus?

Como Deus vê a sua vida

Tu és o meu refúgio e a minha fortaleza,
o meu Deus, em quem confio.
Salmos 91:2

Coisas ruins de fato já aconteceram a você? Mas você e Deus podem ter definições diferentes para a palavra "ruim". Pais e filhos também. Procure a palavra "ruim" no dicionário escolar, e lerá definições como "espinha no nariz" ou "teste de geometria". "Pai, isto é realmente ruim!", diz o menino. O pai, que já passou por tudo aquilo, pensa diferente. As espinhas desaparecem.

Aquilo que você e eu entendemos como um desastre total, para Deus pode ser uma espinha que logo desaparecerá. Ele vê a sua vida da mesma forma que você assiste ao filme depois de ter lido o livro. Quando algo ruim acontece, parece que o ar foi sugado para fora do cinema. Todos ficam ofegantes com o suspense que se desenrola na tela. Você não. Por quê? Você já leu o livro. Você sabe que o mocinho escapará daquela situação difícil. Deus vê a sua vida com a mesma confiança. Ele não só leu a sua história... ele a escreveu.

Deus escreveu a história da sua vida.
Como isso afeta a sua atitude diante da
vida? E como afeta as suas escolhas?

Uma só Igreja, uma só fé

Pai santo, protege-os em teu nome, o nome que me deste, para que sejam um, assim como somos um.

João 17:11

"Para que sejam um", Jesus orou. Um. Não um em cada grupo de 2 mil. Mas um em Um. Uma só Igreja. Uma só fé. Um só Senhor. Não batista, não metodista, não adventista. Apenas cristão. Sem denominações. Sem hierarquias. Sem tradições. Apenas Cristo.

Idealista demais? Impossível de ser alcançado? Acho que não. Coisas muito mais difíceis já foram feitas, você sabe. Por exemplo, certa vez num madeiro, o Criador deu a vida pela sua criação. Talvez tudo de que precisamos sejam uns corações dispostos a seguir o seu exemplo.

E você? Consegue construir uma ponte? Jogar uma corda? Transpor um abismo? Orar pedindo unidade?

Por que a unidade da Igreja é tão importante para Deus e para a mensagem do amor de Cristo?

Armazene o doce

Tudo o que for verdadeiro, tudo o que for nobre [...] pensem nessas coisas.
Filipenses 4:8

Mude os pensamentos de alguém, e você muda a pessoa. Se o que pensamos hoje são as ações de amanhã, o que acontecerá ser enchermos a nossa mente com pensamentos acerca do amor de Deus? Ficar debaixo da chuva de sua graça mudará o que sentimos em relação aos outros?

Paulo responde: sim, absolutamente! Não é suficiente manter longe o que é ruim. Temos de ficar perto do que é bom. Não basta fazer uma lista de más ações. Temos de cultivar as bênçãos desta lista: "Tudo o que for verdadeiro, tudo o que for nobre, tudo o que for correto, tudo o que for puro, tudo o que for amável, tudo o que for de boa fama, se houver algo de excelente ou digno de louvor, pensem nessas coisas." "Pensar" transmite a ideia de ponderar — concentrar-se e analisar, a fim de que o objeto de nossa atenção cause impacto em nossa vida.

Em vez de estocar o amargo, armazene o doce.

Faça uma lista das bênçãos que Deus derramou sobre a sua vida esta semana. Use essa lista para ocupar a sua mente com bons pensamentos.

Conhecidos por sua humildade

Ninguém tenha de si mesmo um conceito
mais elevado do que deve ter.
Romanos 12:3

Os santos mais destacados eram conhecidos por sua humildade. Moisés foi príncipe no Egito e libertador de escravos, mas a Bíblia diz: "Moisés era um homem muito paciente, mais do que qualquer outro que havia na terra" (Números 12:3).

O apóstolo Paulo foi salvo depois de receber a visita pessoal de Jesus. Foi levado ao céu e chegou a ressuscitar um morto. Mas quando ele se apresentava, não mencionava nenhuma dessas coisas. Dizia simplesmente: "Paulo, servo de Deus" (Tito 1:1).

João Batista era parente próximo de Jesus e foi o primeiro evangelista da história, mas é lembrado nas Escrituras como aquele que declarou: "É necessário que ele cresça e que eu diminua" (João 3:30).

Você poderia citar o nome de outros santos que poderiam ter se gloriado, mas preferiram se gloriar em Deus? Como eles poderiam servir de exemplo para nós?

Nada a oferecer

Clamo a ti, Senhor; vem depressa! Escuta a minha voz quando clamo a ti.

Salmos 141:1

Nicodemos foi conversar com Jesus no meio da noite. O centurião foi procurá-lo à luz do dia. O leproso e a mulher pecadora apareceram no meio da multidão. Zaqueu subiu numa árvore. Mateus fez uma festa para ele.

Os instruídos. Os poderosos. Os excluídos. Os enfermos. Os solitários. Os ricos. Quem conseguiria juntar uma equipe assim? Tudo que eles tinham em comum era um baú vazio de esperanças, situação causada por longa exposição aos charlatões e aproveitadores. Embora não tivessem nada a oferecer, tinham muito a pedir: um novo nascimento, uma segunda chance, um recomeço, uma consciência limpa. E, sem exceção, os pedidos deles foram honrados.

Pense em alguém que você conhece que tenha vindo a Cristo sem nada para oferecer. O que Deus lhe deu em troca?

Adoração sincera

Se ofereçam em sacrifício vivo, santo e agradável a Deus.
Romanos 12:1

A adoração sincera tira os olhos de nós e os eleva para Deus. O líder de adoração mais conhecido das Escrituras escreveu: "Atribuam ao Senhor, ó seres celestiais, atribuam ao Senhor glória e força. Atribuam ao Senhor a glória que o seu nome merece; adorem o Senhor no esplendor do seu santuário" (Salmos 29:1-2).

A adoração honra a Deus e o aplaude de pé.

Podemos fazer muita coisa relacionada a Deus no domingo com os nossos cânticos e na segunda-feira com o nosso trabalho. Todos os dias, em todos os nosso atos. Sempre que fazemos o melhor para agradecer a Deus pelo que ele nos dá, nós o adoramos. "Se ofereçam [ao dormir, ao comer, ao ir para o trabalho, ao andar pela vida] em sacrifício vivo, santo e agradável a Deus" (Romanos 12:1). A adoração põe Deus no centro de tudo e nos coloca no devido lugar.

Você pode fazer muita coisa relacionada a Deus todos os dias. Escreva alguns exemplos com base no que você faz.

Um poder ativo

A língua tem poder sobre a vida e sobre a morte.
Provérbios 18:21

Nathaniel Hawthorne foi para casa magoado. Ele acabara de ser demitido de seu emprego na alfândega. A esposa, em vez de se mostrar aflita, surpreendeu-o com uma expressão alegre. "Agora você pode escrever o seu livro!"

Ele não estava tão otimista. "E do que vamos viver enquanto eu estiver escrevendo?"

Para seu espanto, ela abriu uma gaveta e mostrou um maço de dinheiro que economizara no orçamento doméstico. "Sempre soube que você era um homem de talento", ela disse. "Sempre soube que você escreveria uma obra-prima."

Ela acreditava no marido. Por isso, ele se pôs a escrever. E, por ele ter feito isso, todas as bibliotecas da América possuem uma cópia de A letra escarlate.

Você tem o poder de mudar a vida de alguém apenas com as palavras. "A língua tem poder sobre a vida e sobre a morte."

Cite uma ocasião em que as palavras positivas de alguém mudaram a sua vida.

Simplifique a sua fé

Vocês têm um só Chefe, o Cristo.
Mateus 23:10

Alguns se posicionam entre você e Deus. Outros insinuam que a única maneira de chegar a Deus é por meio deles. Há o renomado professor que tem a palavra final sobre o ensino da Bíblia. Há o padre que abençoa os atos de contrição. Há o mestre espiritual que lhe diz o que Deus quer que você faça. E a mensagem de Jesus a essa religião complicada é que se removam os intermediários. "Vocês têm um só Chefe, o Cristo."

Ele não está dizendo que você pode dispensar os professores, pastores ou conselheiros. Ele quer dizer que somos todos irmãos e irmãs e temos igual acesso ao Pai. Simplifique a sua fé e busque a Deus por si mesmo. Cerimônias complicadas são desnecessárias. Rituais misteriosos não são exigidos. Não se prenda a postos hierárquicos ou a níveis de acesso.

Você tem uma Bíblia? Então pode estudá-la. Você tem um coração? Então pode orar. Você tem uma mente? Então pode pensar.

Você pode buscar a Deus por si mesmo, sem a necessidade de outra pessoa ou de rituais. Cite algumas vantagens dessa maravilhosa dádiva.

A POESIA DE DEUS

Somos criação de Deus.
EFÉSIOS 2:10

As Escrituras dizem que a igreja é um poema. "Somos criação de Deus" (Efésios 2:10). "Criação" vem da palavra grega *poeo*, que significa "poesia". Somos a poesia de Deus! O que Longfellow fez com pena e papel, o Criador faz conosco. Nós expressamos a sua melhor criação.

Você não é a poesia de Deus. Eu não sou a poesia de Deus. Nós somos a poesia de Deus. A poesia exige variedade. "Há diferentes formas de atuação, mas é o mesmo Deus quem efetua tudo em todos" (1Coríntios 12:6). Deus usa todos os tipos de pessoas para escrever a sua mensagem. Pensadores lógicos. Adoradores emocionados. Líderes dinâmicos. Seguidores dóceis. Os visionários que lideram, os estudiosos que pesquisam, os generosos que pagam a conta. Sozinhos, somos símbolos sem sentido numa página. Mas coletivamente somos uma inspiração.

"Sozinhos, somos símbolos sem sentido numa página. Mas coletivamente somos uma inspiração." Diga de que maneira você tem experimentado isso em sua vida.

O CRISTO DA SEGUNDA-FEIRA

Tudo posso naquele que me fortalece.
FILIPENSES 4:13

Pare e pense:

O telescópio espacial Hubble envia imagens infravermelhas de galáxias indistintas que talvez estejam a 12 bilhões de anos-luz da Terra (12 bilhões multiplicados por 9,5 trilhões de quilômetros).

Os astrônomos, numa estimativa por baixo, calculam que o número de estrelas no Universo seja igual ao número de grãos de areia em todas as praias do mundo.

A estrela Betelgeuse tem um diâmetro de 500 milhões de quilômetros, aproximadamente. Ou seja, um diâmetro maior que a órbita da Terra em torno do Sol.

Por que a imensidão? Por que um espaço tão vasto, ilimitado, inexplorado e "sem uso"? Para que você e eu, extasiados, pudéssemos ser animados com esta declaração: "Tudo posso naquele que me fortalece".

O Cristo das galáxias é o Cristo da sua segunda-feira.

De que forma saber que o Cristo das galáxias é o Cristo da sua segunda-feira encoraja você?

ELE SE IMPORTA COM VOCÊ

Entre vocês há alguém que está sofrendo? Que ele ore.
TIAGO 5:13

Você tem apresentado as suas decepções a Deus? Você costuma compartilhá-las com o seu vizinho, os parentes e os amigos. Mas já as apresentou a Deus? Tiago diz: "Entre vocês há alguém que está sofrendo? Que ele ore" (Tiago 5:13).

Antes de ir a qualquer outro lugar com as suas decepções, procure a Deus.

Talvez você não queira perturbá-lo com as suas dores. "Afinal, ele tem as fomes, as pestes e as guerras para cuidar. Não irá se importar com as minhas pequenas lutas", você pensa. Por que não o deixa decidir isso? Ele se importou com um casamento a ponto de providenciar vinho. Ele se importou com o pagamento do imposto de Pedro a ponto de dar a ele uma moeda. Ele se importou com a mulher no poço a ponto de responder às perguntas dela. "Ele tem cuidado de vós" (1Pedro 5:7).

Você alguma vez já pensou que Deus devia estar preocupado demais com o mundo para dar atenção aos seus problemas? Como isso afetou a sua confiança nele?

Corra para ele!

Imenso é o seu amor leal por nós, e a fidelidade do Senhor dura para sempre.

Salmos 117:2

O amor de Deus por você não depende de sua aparência, de como você pensa, de seu modo de agir nem de quão perfeito você seja. O amor de Deus é inegociável e também não é retornável. Nosso Deus é fiel.

Não importa o que você faça, ou quão grande seja a sua queda, ou ainda quão agressivo você se torne, Deus tem um amor inflexível, inextinguível, insondável e insaciável, do qual você não pode se separar. Nunca!

Corra para Jesus! Ele quer que você o procure. Ele quer se tornar a pessoa mais importante de sua vida, o maior amor que você já conheceu. Ele quer que você o ame a ponto de não haver espaço em seu coração e em sua vida para o pecado. Convide-o a fixar residência em seu coração.

"O amor de Deus é inegociável e também não é retornável." Explique por que isso é uma boa notícia.

Trabalhando para agradar a Deus

Sirvam aos seus senhores de boa vontade, como servindo ao Senhor, e não aos homens.

Efésios 6:7

Que tal se todos trabalhassem tendo Deus em mente? Imagine se ninguém trabalhasse para satisfazer a si mesmo ou agradar aos outros, mas para agradar a Deus.

Muitas ocupações cessariam imediatamente: tráfico de drogas, roubo, prostituição, administração de boates e cassinos. Certas carreiras, por sua natureza, não podem agradar a Deus. E elas deixariam de existir.

Certos comportamentos também cessariam. Se vou consertar um carro para Deus, não vou cobrar dos filhos dele mais do que deveria. Se vou pintar uma parede para Deus, você acha que vou diluir a tinta?

Imagine se todos trabalhassem sob a supervisão dele. Toda enfermeira seria atenciosa. Todo policial, cuidadoso. Todo palestrante, inspirador. Todo vendedor, criterioso. Todo professor, auspicioso. Todo advogado, competente.

Impossível? Não inteiramente. Tudo de que precisamos é de alguém que comece uma revolução mundial. Bem poderia ser de um nós.

Você trabalha sob a supervisão de Deus? Que diferença isso faz em seu método de trabalho?

Transbordando

[...] fazendo transbordar o meu cálice.
Salmos 23:5

O cálice transbordando era um símbolo poderoso nos dias de Davi. No antigo Oriente, os anfitriões o usavam para passar uma mensagem para o convidado. Enquanto o cálice fosse mantido cheio, o hóspede sabia que era bem--vindo. Mas quando o cálice não era reabastecido, o anfitrião estava avisando que a hora já ia avançada. Mas quando o anfitrião apreciava a companhia da pessoa, ele enchia o cálice até transbordar. E não parava quando o vinho atingia a borda: continuava despejando o líquido até que ele ultrapassasse a borda do cálice e escorresse para a mesa.

Já reparou como a sua mesa está molhada? Deus quer que você fique. Seu cálice transborda de alegria. Transborda de graça.

Você tem um lugar à mesa de Deus. E ele está enchendo o seu cálice até transbordar.

Faça uma lista das bênçãos transbordantes que Deus tem derramado sobre a sua vida. Como você reage a elas?

Amor inesgotável

Eu [...] os amarei de todo o meu coração,
pois a minha ira desviou-se deles.

Oseias 14:4

Você acredita que nunca viveu um dia sem amor? Nem um sequer. Você sempre foi amado. Aquelas ocasiões em que você desertou de Cristo? Ele continuou amando você. Quando você se escondeu dele, ele foi procurá-lo.

E nas ocasiões em que você negou a Cristo? Embora pertencesse a ele, você se juntou a más companhias e, quando o nome dele veio à tona, você praguejou como um marinheiro bêbado. Deus deixou você ouvir o cantar da consciência e sentir o calor das lágrimas. Mas nunca deixou você partir. Suas negações não fazem com que o amor dele se esgote.

Suas dúvidas também não. Você já teve dúvidas. Talvez tenha algumas neste exato momento. Embora haja muita coisa que ainda não entendemos e que nunca iremos entender, que tal ter certeza disto: as dúvidas não separam os duvidosos do amor de Deus.

Que diferença faria na vida das pessoas saber que elas nunca viveram um único dia sem amor?

Pedindo coragem

Tu me farás conhecer a vereda da vida.
Salmos 16:11

Você está prestes a ter um encontro doloroso? Está há poucos passos dos muros da própria angústia?

Aprenda uma lição com o seu Mestre. Não avance na direção da batalha contra nenhum inimigo sem primeiro reivindicar a coragem prometida por Deus. Posso dar alguns exemplos?

Quando você está confuso: "Sou eu que conheço os planos que tenho para vocês [...] planos de fazê-los prosperar e não de lhes causar dano" (Jeremias 29:11).

Se você se sente oprimido pelos fracassos do passado: "Agora já não há condenação para os que estão em Cristo Jesus" (Romanos 8:1).

Naquelas noites em que você quer saber onde Deus está: "Sou Deus, e não homem, o Santo no meio de vocês" (Oseias 11:9).

As promessas de Deus são tão verdadeiras hoje como era na primeira vez em que foram registradas em sua Palavra. Cite algumas promessas que têm ajudado você na jornada da vida.

Setembro

E este é o seu mandamento [...] que nos amemos uns aos outros .

1João 3:23

A CAPACIDADE DE AMAR

E este é o seu mandamento: Que [...] nos amemos uns aos outros.
1JOÃO 3:23

A presença de certas pessoas deixa você irritado, fragilizado e sem ação? Você desmorona facilmente? Se a sua resposta for afirmativa, pode ser que você tenha plantado o seu amor em solo inapropriado. Pode estar arraigado no amor delas (e seria instável) ou na sua determinação em amar (e seria frágil). João nos exorta a crer no "amor que Deus nos tem" (1João 4:16, ARC). Só ele é a fonte de poder.

Muitas pessoas nos mandam amar. "E este é o seu mandamento: Que [...] nos amemos uns aos outros" (1João 3:23). Mas como fazer isso? Como ser bondoso com quem quebra as promessas? Com quem me maltrata? Como ser paciente com pessoas que têm o afeto de um abutre e a ternura de um porco-espinho? Como perdoar pessoas que conhecemos, amamos e com quem casamos depois de descobrir que elas nos traem ou que só se interessam por dinheiro? Como amar como Deus ama? Nós queremos amar. Desejamos amar. Mas como fazer isso?

Sendo amados.

Explique o que "sendo amados" significa.

Os espinhos do pecado

No caminho do perverso há espinhos e armadilhas.

Provérbios 22:5

O fruto do pecado são espinhos — espinhos que furam, machucam e cortam.

Destaco a "ponta" dos espinhos para sugerir um ponto que você talvez nunca tenha considerado: se o fruto do pecado são espinhos, a coroa de espinhos na fronte de Cristo não seria um símbolo do fruto de nosso pecado que lhe perfurou o coração?

Qual o fruto do pecado? Pise no espinheiro da humanidade e sinta as espetadas. Vergonha. Medo. Desgraça. Desânimo. Ansiedade. Nosso coração não ficou preso no arbusto?

O coração de Jesus, no entanto, nunca foi perfurado pelos espinhos do pecado. Ele jamais conheceu o que você e eu enfrentamos todos os dias. Ansiedade? Ele nunca se preocupou! Culpa? Ele nunca foi culpado! Medo? Ele nunca deixou a presença de Deus Pai! Jesus nunca conheceu os frutos do pecado... até que se tornou pecado por nós.

"Jesus nunca conheceu os frutos do pecado... até que se tornou pecado por nós." Que benefícios podemos desfrutar pelo fato de ele ter se tornado pecado por nós?

Olhe para as suas ferramentas

Viva a chama do dom de Deus que está em você.

2Timóteo 1:6

Quando eu tinha 6 anos de idade, meu pai construiu uma casa para nós. A revista Architectural Digest não percebeu, mas a minha mãe, sim. Meu pai a construiu, tábua por tábua, todos os dias depois do trabalho. Minha pouca idade não o impediu de me delegar uma tarefa. Ele amarrou uma bolsa de pregos vazia em torno da minha cintura, colocou um imã em minhas mãos e me mandou patrulhar o local ao redor da obra com o imã a poucos centímetros do chão.

Um olhar para aquela ferramenta e você adivinharia a minha tarefa. Coletor de pregos perdidos.

Uma olhada para as nossas ferramentas, e podemos fazer o mesmo. Tijolo por tijolo, vida por vida, Deus está criando um reino, uma "casa espiritual" (1Pedro 2:5). Ele confiou a você uma tarefa importante no projeto. Olhe para as suas ferramentas e descubra qual é. Suas atribuições revelam o seu destino.

Que "ferramentas" Deus colocou em sua vida?
Você está usando essas ferramentas? Por quê?

Ouse sonhar

O que é impossível para os homens é possível para Deus.
Lucas 18:27

Deus sempre se alegra quando ousamos sonhar. Na verdade, ficamos parecidos com Deus quando sonhamos. O Mestre exulta com a novidade. Ele tem prazer em ir além do habitual. Ele escreveu um livro sobre como tornar possível o impossível.

Exemplos? Leia o Livro.

Pastores de ovelhas com 80 anos de idade geralmente não se comportam como jovens diante do faraó... mas não diga isso a Moisés.

Pastores de ovelhas adolescentes normalmente não enfrentam gigantes... mas não diga isso a Davi.

Pastores de ovelhas que trabalham à noite não costumam ouvir anjos cantando nem visitam a Deus numa estrebaria... mas não diga isso àqueles pastores de Belém.

E, com certeza, não diga isso a Deus. Ele atravessou uma eternidade para chegar à terra. E Ele se irrita quando alguém prende as asas das pessoas.

Você alimenta algum sonho em seu coração?
Escreva-o e acrescente alguma coisa que você
poderia fazer para que ele se realizasse.

Ele chora conosco

Jesus chorou.
João 11:35

Jesus... chora. Ele se senta entre Maria e Marta, põe um braço em torno de cada uma e soluça.

Ele chora com elas.

Ele chora por elas.

Ele chora com você.

Ele chora por você.

Ele chora para que saibamos: chorar não é falta de fé. Olhos lacrimejantes não representam um coração sem fé. A pessoa pode entrar num cemitério convicto da vida após a morte em Jesus Cristo e ainda assim ter uma cratera do tamanho das Torres Gêmeas no coração. Aconteceu com Cristo. Ele chorou, mas sabia que em poucos minutos veria Lázaro vivo outra vez!

E as lágrimas dele lhe dão permissão para chorar também. A tristeza pela morte não significa que você perdeu a fé. Quer dizer apenas que você não consegue suportar a ideia de outro dia sem o Lázaro da sua vida. O Jesus que amou entende as lágrimas. Então, pode ficar triste, mas não como aqueles que desconhecem o final da história.

Explique por que lembrar as lágrimas derramadas por Jesus pode nos trazer consolo.

O CÉU CONHECE O SEU CORAÇÃO

O homem sai nu do ventre de sua mãe, e como vem, assim vai.

ECLESIASTES 5:15

Pense apenas um instante nas coisas que você possui. Pense na casa que você tem, no carro que dirige, no dinheiro que está poupando. Pense nas ações que negocia e nas roupas que gosta de comprar. Pense em tudo isso, e agora me permita lembrá-lo de duas verdades bíblicas:

O que você tem não é seu. Pergunte a qualquer médico-legista. Ninguém leva nada consigo. Quando John D. Rockefeller — um dos homens mais ricos da história — morreu, perguntaram ao seu contador: "Quanto John D. deixou?" A resposta do contador? "Tudo." Essas coisas não são suas. E ainda tem uma coisa que você precisa saber: elas não são você. O que você é não tem relação alguma com as roupas que usa ou com o carro que dirige. Jesus disse: "A vida de um homem não consiste na quantidade dos seus bens" (Lucas 12:15). O céu não o conhece da mesma forma que você é conhecido aqui: o sujeito que usa aquele terno bonito, a mulher que possui aquela casa imensa ou a criança com a bicicleta nova. O céu conhece o seu coração.

Você tende a pensar que as coisas que possui definem você? Explique por que isso não é exato.

O AMOR É PACIENTE

A perseverança [ou paciência] deve ter ação completa,
a fim de que vocês sejam maduros e íntegros.
TIAGO 1:4

Faz algum tempo, a diretoria de nossa igreja compareceu a uma conferência de liderança. Especialmente interessado numa determinada palestra, cheguei mais cedo e sentei-me na primeira fila. No entanto, assim que o palestrante começou a falar fui distraído por algumas vozes vindas do fundo da sala. Dois rapazes estavam cochichando um para o outro. Eu já estava pensando seriamente em lançar um olhar de reprovação, quando o palestrante deu esta explicação: "Desculpem-me. Esqueci de explicar por que os dois rapazes no fundo da sala estão conversando. Um deles é presbítero numa igreja nova da Romênia. Ele está aqui para aprender sobre liderança eclesiástica. Como ele não fala inglês, a mensagem está sendo traduzida."

Num momento, tudo mudou. A paciência substituiu a impaciência. Por quê? Porque a paciência sempre está atrelada ao entendimento. "O homem [...] que tem entendimento refreia a língua" (Provérbios 11:12). Não perca a conexão entre o entendimento e a paciência. Antes de explodir, ouça com atenção. Antes de atacar com violência, entre em sintonia.

Explique a conexão entre o entendimento
e a paciência.

A realidade da fé

Certamente este homem era justo.
LUCAS 23:47

Se é verdade que uma imagem vale mil palavras, então houve um centurião romano que encheu um dicionário. Tudo que ele fez foi ver Jesus sofrer. Ele não o ouviu pregar e curar nem o acompanhava com as multidões. Jamais testemunhou o Senhor acalmando o vento, apenas viu como ele morreu. Mas foi o bastante para fazer com que o soldado castigado pelo tempo desse um passo gigante na fé: "Certamente este homem era justo."

Isso diz muita coisa, não? Diz que o "pneu fé" encontra a estrada da realidade mesmo nas circunstâncias mais desfavoráveis. Diz que a veracidade da crença de uma pessoa é revelada na dor. A autenticidade e o caráter são revelados no infortúnio. A fé é mais bem revelada não nos ternos caros aos domingos na igreja ou nos passeios e divertimentos nos dias de verão, mas nas cabeceiras de camas de hospital, nas alas dos pacientes com câncer e nos cemitérios.

"A veracidade da crença de uma pessoa é revelada na dor." Escreva como essa afirmação se aplica à sua vida ou à vida de alguém que você conhece.

A DATA DA PARTIDA

Que é a sua vida? Vocês são como a neblina que aparece por um pouco de tempo e depois se dissipa.

TIAGO 4:14

Você, como todos os filhos de Deus, vive a um passo do próprio funeral.

O que, pela perspectiva divina, não é algo para lamentar. Ele responde a esse grave acontecimento com esta ótima notícia: "O dia da morte é melhor do que o dia do nascimento" (Eclesiastes 7:1). Há uma inversão aqui. O céu aprecia os funerais com uma reação maternal. Os anjos observam o enterro de um corpo da mesma forma que os avós vigiam a porta da sala de parto. "Ele vai surgir a qualquer momento!" Os anjos ficam ansiosos para testemunhar a nova chegada. Enquanto, vestidos de preto, dirigimos carros fúnebres, eles estão pendurando enfeites cor-de-rosa e azuis. Não ficamos tristes quando um bebê vem ao mundo. Os exércitos do céu não choram quando deixamos este mundo.

Você perdeu recentemente alguém a quem amava? Como a lembrança de que os anjos no céu não choram quando alguém deixa este mundo pode mudar a maneira de você encarar essa perda?

Isso é agradável?

[O amor] não se porta com indecência.
1Coríntios 13:5 (arc)

Ao definir o que o amor não é, Paulo inclui a indecência na lista. O amor "não se porta com indecência". A palavra grega para "indecente" significa "comportamento vergonhoso ou desonroso".

Um exemplo de indecência foi um caso levado ao tribunal do estado de Minnesota. Um homem caiu de sua canoa e perdeu a compostura. Embora o rio estivesse cheio de famílias em férias, ele poluiu o ar com obscenidades. Algumas daquelas famílias então o processaram. A resposta dele: "Eu tenho os meus direitos."

Deus nos convoca para uma preocupação mais elevada e mais nobre. Não é: "Quais são os meus direitos?", e sim: "Isso é agradável?"

Você tem o direito de monopolizar uma conversa? Sim, mas é agradável fazer isso?

Você tem o direito de esbravejar com o atendente ou falar rispidamente com as crianças? Sim. Mas é agradável agir assim?

Faça uma lista de situações em que você poderia se mostrar agradável, em vez de fazer valer os seus direitos.

Uma porta aberta

Agora, em Cristo Jesus, vocês, que antes estavam longe, foram aproximados.
Efésios 2:13

Não há nada entre você e Deus além de uma porta aberta.

Algo aconteceu na morte de Cristo que abriu essa porta para você e para mim. E o escritor aos Hebreus diz uma coisa a respeito dela:

"Irmãos, temos plena confiança para entrar no Santo dos Santos pelo sangue de Jesus, por um novo e vivo caminho que ele nos abriu por meio do véu, isto é, do seu corpo" (Hebreus 10:19-20).

Para os leitores originais, as últimas palavras foram explosivas: "... por meio do véu, isto é, do seu corpo." De acordo com o escritor, o véu é o mesmo que Jesus. Assim, o que aconteceu com o corpo de Jesus aconteceu com o véu. E o que aconteceu com o corpo dele? Foi rasgado. Rasgado pelos açoites e pelos espinhos. Rasgado pelo peso da cruz e pela ponta dos pregos. Mas no horror de seu corpo rasgado encontramos o esplendor de uma porta aberta.

O que "o esplendor de uma porta aberta" realiza a favor dos filhos de Deus? Como você reage a isso?

Simplesmente incrível

Aquele que vem do alto está acima de todos.
João 3:31

A ideia de que uma virgem seria escolhida por Deus para que ele gerasse a si mesmo. O pensamento de que Deus iria vestir-se de cabelos, unhas e dois olhos. A concepção do Rei do Universo espirrando, soluçando ou mordido por mosquitos... é simplesmente incrível. Revolucionário demais. Jamais iríamos idealizar um Salvador assim. Não somos tão ousados.

Se criássemos um redentor, iríamos mantê-lo seguro em seu castelo inatingível. Seriam permitidos apenas breves encontros conosco. Ele só chegaria em seu trenó puxado por cavalos e se afastaria rapidamente antes que chegássemos perto demais. Não lhe pediríamos que fixasse residência no meio de um povo contaminado. Nem mesmo em nossos pensamentos mais tresloucados evocaríamos um rei que se tornasse um de nós.

Mas Deus fez tudo isso.

Por que é tão surpreendente que Deus tenha fixado residência no meio de um povo contaminado? E por que isso é uma boa notícia?

O cordeiro de Deus

Houve trevas sobre toda a terra, do meio-dia às três horas da tarde.

Mateus 27:45

Não é de espantar que o céu esteja escuro: os humanos estão matando a Luz do mundo.

O Universo está triste. Mas Deus tinha dito que isso aconteceria. "Naquele dia [...] Farei o sol se pôr ao meio-dia e em plena luz do dia escurecerei a terra [...] Farei daquele dia um dia de luto por um filho único, e o fim dele, como um dia de amargura" (Am 8:9-10).

O céu chora. E um cordeiro emite um balido. Lembra-se da hora do brado? "Por volta das três horas da tarde, Jesus bradou em alta voz..." Três horas da tarde era a hora do sacrifício no Templo. A pouco mais de um quilômetro dali, um sacerdote vestindo roupas caras conduz um cordeiro até o matadouro, sem saber que o seu trabalho será inútil. O céu não está olhando para o cordeiro do homem, e sim para o "Cordeiro de Deus, que tira o pecado do mundo" (João 1:29).

Descreva o que a morte de Cristo significa para a sua personalidade. Escreva um curto salmo de louvor para agradecer a ele.

Uma segunda chance

Eu vim para que tenham vida, e a tenham plenamente.

João 10:10

Não há muitas segundas chances no mundo hoje. Pergunte ao menino que foi desclassificado numa competição escolar, ao homem que recebeu o aviso prévio ou à mãe de três filhos que foi tratada como lixo e trocada por uma "coisinha bonita".

Não há muitas segundas chances. Hoje as coisas são mais do tipo "agora ou nunca". "Aqui não toleramos a incompetência." "É preciso ser durão para se dar bem." "Não há muitas vagas lá em cima." "Três jogadas como essa, e você está fora." "Esta é uma briga de cachorros grandes!"

Mas Jesus tem algo a dizer. "Então não viva com os cães." Isso faz sentido, não é? Por que deixar que um monte de fracassados lhe digam que você é fracassado?

Não é todo dia que você encontra alguém que lhe dê uma segunda chance — muito menos alguém que lhe dê uma segunda chance todos os dias. Mas em Jesus você encontra as duas coisas.

Escreva sobre ocasiões específicas em que você se mostrou agradecido a Deus por uma segunda chance.

Obcecados por coisas materiais

Cuidado! Fiquem de sobreaviso contra todo tipo de ganância.
Lucas 12:15

Em 1900, a pessoa mediana que vivia nos Estados Unidos queria 72 coisas diferentes e considerava 18 delas essenciais. Hoje, uma pessoa mediana deseja quinhentas coisas e considera essenciais uma centena delas.

Nossa obsessão por coisas materiais traz na etiqueta um preço elevado. Oitenta por cento de nós lutam contra a pressão das contas vencidas. Gastamos 110% de nossa renda na administração das dívidas. Quem aguenta isso? Não temos mais os vizinhos como ponto de referência, mas os astros de TV ou o galã na capa da revista. Os diamantes de Hollywood fazem os nossos parecerem de brinquedo. Quem pode satisfazer a Madison Avenue? Ninguém. Por isso, Jesus adverte: "Cuidado! Fiquem de sobreaviso contra todo tipo de ganância" (Lucas 12:15).

De que forma a cultura o incita a desejar mais e mais coisas? O que você pode fazer para se resguardar da obsessão?

Um símbolo de amor

Ele não está aqui! Ressuscitou!
Lucas 24:6

Quando chegou ao túmulo vazio, João notou que os envoltórios de pano não estavam rasgados nem jogados no chão. Eles pareciam nem ter sido usados! Os lençóis de linho estavam arrumados. As mortalhas estavam enroladas e dobradas.

Como aquilo era possível?

Se por algum motivo amigos ou inimigos tivessem desenrolado o corpo, será que iriam arrumar aqueles panos com tanto esmero? Claro que não! Mas se nenhum amigo ou inimigo havia levado o corpo, então quem fez aquilo?

Entre as bandagens da morte, João viu o poder da vida. Não é estranho Deus usar algo tão triste quanto uma mortalha para mudar uma vida?

Mas Deus tem esse hábito.

Em sua mão, tonéis de vinho vazios num casamento tornam-se um símbolo de poder.

A moedinha de uma viúva torna-se um símbolo de generosidade.

E um paramento da morte torna-se um símbolo de seu amor.

Faça uma lista de coisas que simbolizam o amor de Deus.

A PANELA DA ORAÇÃO

Irei ao altar de Deus, a Deus, a fonte da minha plena alegria.
SALMOS 43:4

Digamos que um gatilho de estresse dispare em sua vida.

O médico lhe diz você precisa de uma cirurgia. Ele detectou um caroço, e acha melhor removê-lo. E aí está você saindo do consultório. Acabaram de lhe passar esse cálice de ansiedade. O que pretende fazer com ele? Você pode jogá-lo em uma de duas panelas.

Pode despejar a má notícia na panela da preocupação e tirar a colher. Acenda o fogo. Cozinhe em fogo baixo. Mexa. Fique deprimido por um momento. Remoa por um tempo. Logo você terá uma deliciosa sopa de pessimismo.

Que tal uma ideia diferente? A panela da oração. Antes que a porta do consultório se feche, entregue o problema a Deus. "Aceito a tua autoridade. Reconheço que és o Senhor da minha vida. Nada chega a mim sem que antes tenha passado por ti." Adicione uma porção saudável de gratidão e mexa.

Sua parte é oração e gratidão. A parte de Deus? Paz e proteção.

Em situações de estresse você tende a jogar tudo na panela do pessimismo ou na panela da oração? Qual tem sido o resultado?

JESUS TEM TUDO PLANEJADO

Vejam! É o Cordeiro de Deus, que tira o pecado do mundo!

JOÃO 1:29

Jesus planejou o próprio sacrifício.

Isso significa que ele intencionalmente plantou a árvore da qual a sua cruz seria cortada.

Isso significa que ele voluntariamente colocou no coração da terra o minério de ferro do qual os pregos seriam feitos.

Isso significa que ele propositadamente plantou Judas no ventre de uma mulher.

Isso significa que foi Cristo quem pôs em movimento a máquina política que enviaria Pilatos a Jerusalém.

E significa também que ele não tinha de fazer isso — mas fez.

"Jesus planejou o próprio sacrifício." Faça uma lista de ações que ele realizou para isso. Depois explique o motivo dessas ações.

MERGULHADO NA MISERICÓRDIA

[Deus] não nos trata conforme os nossos pecados nem nos retribui conforme as nossas iniquidades.
SALMOS 103:10

Você acha realmente que nunca fez nada que tenha magoado a Cristo?

Já foi desonesto com o dinheiro dele? Isso é trapaça.

Já foi à igreja para ser visto, não para tentar ver o Senhor? Isso é hipocrisia.

Já quebrou um voto que fez a Deus?

Você não merece ser punido? No entanto, aí está você. Lendo este livro. Respirando. Ainda testemunhando o pôr do sol e ouvindo bebês pronunciarem as primeiras sílabas. Ainda observando a mudança das estações. Não há marcas de chicote em suas costas, nem argolas no nariz, nem algemas nos pés. Ao que parece, Deus não fez a lista de suas más ações.

Ouça. Você não foi salpicado com o perdão nem borrifado com a graça. Você não foi aspergido com a bondade. Foi submerso nisso tudo. Você está mergulhado na misericórdia. É um peixinho no oceano da misericórdia de Deus. Permita que essa verdade mude a sua vida!

Você foi mergulhado no perdão e na misericórdia de Deus. Como isso afeta a sua vida?

Pastagem para a alma

Em verdes pastagens me faz repousar.
Salmos 23:2

Para que um campo se mantenha produtivo, ele deve ficar sem cultivo de tempos em tempos. Para se manter saudável, você precisa descansar. Diminua a velocidade, e Deus o curará. Ele trará descanso para a sua mente, para o seu corpo e, acima de tudo, para a sua alma. Ele o conduzirá a pastagens verdejantes.

Os pastos verdes não eram comuns na Judeia. As colinas ao redor de Belém, onde Davi cuidava de seu rebanho, não eram viçosas nem verdejantes. Mesmo hoje, são esbranquiçadas e ressequidas. Qualquer pasto verde na Judeia é trabalho de algum pastor de ovelhas. Significa que ele limpou o terreno irregular e rochoso. Cepos de árvore foram arrancados, e o mato foi queimado.

Com as mãos furadas, Jesus criou um pasto para a alma. Ele arrancou a vegetação rasteira e espinhosa da condenação. Removeu com dificuldade as enormes pedras do pecado. Então plantou as sementes da graça e cavou lagos de misericórdia.

E ele nos convida a descansar ali.

Cite algumas situações em que depois de um processo lento você pode encontrar descanso espiritual.

Em casa com o amor de Cristo

Permaneçam no meu amor.

João 15:9

Se você passa muito tempo num lugar, é porque vive ali.

Você se familiariza com as coisas à sua volta. Você chega em casa dirigindo, mas não se pergunta: "Onde fica a garagem?" Você não consulta a planta da casa para encontrar a cozinha.

Permanecer no amor de Cristo é fazer do amor dele a sua casa. Não um estacionamento ou um quarto de hotel que você visite ocasionalmente, mas a sua habitação preferida. Você descansa nele. Se alimenta dele. Quando um trovão ecoa, você corre para debaixo do telhado dele. As paredes dele o protegem dos ventos. A lareira dele aquece você nos invernos da vida. João exorta: "Deus é amor. Todo aquele que permanece no amor permanece em Deus, e Deus nele" (1João 4:16).

Você abandona a velha casa do falso amor, e se muda para uma casa nova, aquela em que há um amor verdadeiro.

Pense na casa do amor de Deus. Faça uma lista de algumas bênçãos que você encontrou nessa casa.

"Deus está comigo"

Registra, tu mesmo, o meu lamento; recolhe as minhas lágrimas em teu odre.
Salmos 56:8

Deus conhece você. Ele gravou o seu nome nas mãos dele e guarda as suas lágrimas num odre (Isaías 49:16; Salmos 56:8).

Deus conhece você. E está perto de você! A que distância um pastor fica de suas ovelhas (João 10:14)? A que distância o ramo fica da videira (João 15:5)? Essa é a distância que Deus fica de você. Ele está perto. Veja como ficam estas três palavras quando coladas no espelho do seu banheiro: "Deus está comigo" (Salmos 56:9, ARC).

E o Reino de Deus precisa de você. Os pobres precisam de você. Os solitários precisam de você. A igreja precisa de você. A causa de Deus precisa de você. Você faz parte do "plano daquele que faz todas as coisas" (Efésios 1:11). O Reino precisa que você descubra a sua vocação e a ponha em prática. Use-a para fazer o seu melhor em Deus e para Deus. Proclame a Palavra. Deus está conosco. Não estamos sozinhos.

"Deus está com você." Que efeito tem essa afirmação sobre você? Que diferença ela pode fazer em sua vida?

Rejeite os pensamentos fúteis

O Senhor conhece os pensamentos do homem, e sabe como são fúteis.
Salmos 94:11

Ao prestar atenção ao nosso vocabulário, você conclui que somos reféns de nossos pensamentos. "Não fale comigo", dizemos. "Estou num dia ruim." Como se o mau humor fosse um lugar para o qual fomos designados ("Não posso falar com você. Estou na Bósnia."), em vez de uma emoção permitida por nós.

Ou dizemos: "Não brinque com ela. Está indisposta." Será que a disposição é algo com que "estamos", como um resfriado ou uma gripe? Fomos contaminados com a bactéria emocional da estação? Ou temos uma escolha?

Paulo diz que podemos escolher: "Levamos cativo todo pensamento, para torná-lo obediente a Cristo" (2Coríntios 10:5).

Você percebe nessa passagem algum jargão de campo de batalha — "levando cativo"; "torná-lo"; "obediente a Cristo"? Temos a impressão de que somos os soldados, e os pensamentos, os inimigos. Nossa missão é proteger o barco e rejeitar a entrada de pensamentos fúteis. No instante em que aparecem... nós agimos. "Este coração pertence a Deus", declaramos, "e você não vai embarcar."

Explique por que não temos de ser reféns de nossos pensamentos ou de nossas emoções.

Supere-se!

Humildemente considerem os outros superiores a si mesmos.
Filipenses 2:3

O colunista de esportes Rick Reilly deu este conselho a alguns atletas profissionais principiantes: "Pare de bater no peito. A linha bloqueou, o zagueiro lançou a você uma espiral perfeita enquanto era golpeado na cabeça, e o bom recebedor furou a dupla cobertura. Supere-se!"

A verdade é: cada ponto marcado na vida é um trabalho de equipe. Aplauda os seus companheiros. Um menino chegou em casa depois de ter feito um teste para a peça de teatro da escola. "Mamãe, mamãe!", ele exclamou. "Consegui um papel. Fui escolhido para sentar na plateia, bater palmas e torcer." Diante da oferta de bater palmas e torcer, você aceita? Caso afirmativo, a sua cabeça está começando se encaixar no tamanho do seu chapéu.

Para você, é fácil ou difícil sentar-se na arquibancada para torcer pelos outros membros de sua equipe e aplaudi-los? Qual a atitude mais sábia?

Fique firme

Aquele que perseverar até ao fim será salvo.
Mateus 24:13

Jesus não diz que você será salvo se for bem-sucedido. Ou se chegar ao topo. Ele diz que você será salvo se perseverar. Uma tradução mais exata seria: "Se você ficar firme até o fim... se você percorrer toda a distância."

Os brasileiros têm uma bela expressão para isso. Em português, a pessoa capaz de resistir ou que não desiste tem "garra". Que imagem! Uma pessoa com garra mantém-se firme na encosta do penhasco, o que impede que ela caia.

Assim fazem os salvos. Eles podem chegar à beira do abismo. Podem até tropeçar e escorregar. Mas cravarão as garras na rocha de Deus e aguentarão firmes.

Jesus lhe dá essa garantia. Aguente firme. Ele garante que você chegará em casa.

Faça uma lista de coisas práticas que você pode fazer para "cravar as garras na rocha de Deus".

Um lugar de cura

E ele designou alguns [...] com o fim de preparar os santos para a obra do ministério, para que o corpo de Cristo seja edificado.

Efésios 4:11-12

Ele nos concede dons para que possamos edificar o povo de Deus. Paulo recorreu a um dicionário médico para encontrar esse termo. Os médicos usavam essa palavra para descrever a consolidação de um osso quebrado. Pessoas quebradas vão à igreja. Não com ossos quebrados, mas com o coração, o lar, os sonhos e a vida em pedaços. Entram mancando por causa de sua fé fraturada. Mas se a igreja agir como igreja, eles encontrarão a cura. Pastores-mestres tocam e instruem. Portadores do evangelho compartilham as boas-novas. Profetas falam verdades. Visionários sonham com um impacto maior. Alguns administram. Alguns oram. Alguns lideram. Alguns seguem. Mas todos ajudam a curar o que está quebrado, "para que o corpo de Cristo seja edificado".

Não se esqueça disto: ninguém é forte o tempo todo. Não perca a oportunidade de encontrar um lugar para curar as suas feridas.

Você conhece alguém que tenha o coração partido, um sonho frustrado ou um lar desfeito? O que você pode fazer para se aproximar dele e consertar essa fratura?

Deus irá conosco

Estou com você e cuidarei de você, aonde quer que vá.
Gênesis 28:15

Quando Deus nos chamar para o vale da sombra da morte, ele estará conosco. Ou vamos pensar que ele nos abandonará na hora da morte? Será que um pastor deixa as suas ovelhas viajarem sozinhas para as terras altas? Claro que não! E Deus permitirá que algum de seus filhos viaje sozinho para a eternidade? Absolutamente não! Ele estará com você!

O que Deus disse a Moisés, diz também a você: "Eu mesmo o acompanharei, e lhe darei descanso" (Êxodo 33:14).

O que Deus disse a Jacó, diz também a você: "Estou com você e cuidarei de você, aonde quer que vá" (Gênesis 28:15).

O que Deus disse a Josué, diz também a você: "Como fui com Moisés, assim serei contigo; não te deixarei nem te desampararei" (Josué 1:5).

Leia outra vez os três versículos citados acima e escreva a frase de cada um que nos garante a presença de Deus. Como você reage a essas promessas?

A esperança que há em Deus

Aproximem-se de Deus, e ele se aproximará de vocês!
Tiago 4:8

Seus maiores desafios não passam de grampos de cabelo e elásticos para Deus. *Grampos de cabelo e elásticos?*

Minha irmã mais velha costumava emprestá-los para mim quando eu era criança. Eu dirigia o meu triciclo para cima e para baixo na calçada e fingia que os grampos de cabelo eram chaves e que o triciclo era um caminhão. Mas um dia perdi as "chaves". Que aflição! O que fazer? Minha busca resultou apenas em lágrimas e medo. Mas quando confessei o meu erro à minha irmã, ela apenas sorriu. Por ser dez anos mais velha, tinha uma perspectiva melhor.

Deus também tem uma perspectiva melhor. Com o devido respeito, as nossas lutas mais renhidas, do ponto de vista dele, não são piores que grampos de cabelo e elásticos perdidos. Ele não está perplexo, confuso nem desanimado.

Por que você não acolhe a esperança que há em Deus? Você precisa dela. Acolha-a para que possa compartilhá-la.

Deus nunca se mostra perplexo, confuso ou desanimado por algo que aconteça a você. De que forma isso pode lhe dar esperança?

Seis horas de uma sexta-feira

Verdadeiramente este era o Filho de Deus!
Mateus 27:54

Para o observador casual, as seis horas são banais.

Deus está numa cruz. O Criador do Universo está sendo executado.

Cuspe e sangue lhe empastam o rosto, e os lábios estão rachados e inchados. Espinhos rasgam o couro cabeludo. Os pulmões gemem de dor. As pernas estão presas e com cãibras. Os nervos retesados ameaçam romper quando a dor faz ressoar a sua mórbida melodia. No entanto, a morte não está pronta. E não há ninguém para salvá-lo, porque ele está sacrificando a si mesmo.

Não são as seis horas normais... e não é uma sexta-feira normal.

Permita-me perguntar: o que você faz com aquele dia histórico? O que você faz com as reivindicações nele contidas?

Se isso realmente aconteceu; se Deus de fato exigiu a própria crucificação; se ele realmente virou as costas para o próprio Filho... não foram as seis horas de uma sexta-feira normal. Foi a hora mais crítica da história.

A morte do Filho de Deus numa cruz foi a hora mais crítica da história. Explique por quê.

Você é único

Deu [...] a cada um de acordo com a sua capacidade.
Mateus 25:15

Da Vinci pintou uma única *Mona Lisa*. Beethoven compôs uma única Quinta Sinfonia. E Deus fez uma única versão de você. Ele criou você como alguém sob encomenda, para uma missão especial: explorar como um minerador as pepitas únicas de sua vida.

Quando Deus dá uma missão a alguém, ele provê a capacidade para cumpri-la. Então, analise as suas habilidades para descobrir a sua missão.

Olhe para você. Sua facilidade excepcional com números. Sua curiosidade insaciável pela química. Alguns olham para os projetos e bocejam; você olha aquelas folhas e baba. "Nasci para fazer isso", você diz.

O Criador dá missões às pessoas, "a cada um de acordo com a sua capacidade". Quando ele chama, ele equipa. Faça uma retrospectiva de sua vida. O que você tem feito bem continuamente? O que gosta de fazer? Ponha-se na interseção de suas características e sucessos e encontre as suas qualidades especiais.

Faça outra lista de coisas que você gosta de fazer. Em seguida, descreva de que forma Deus está usando ou poderia usar as suas afeições e êxitos neste mundo.

Outubro

Aproximemo-nos do trono da graça com toda a confiança.

Hebreus 4:16

Isso é tudo?

Cristo morreu por nossos pecados, segundo as Escrituras.
1Coríntios 15:3 (ARC)

Talvez você esteja praticando os atos da religião e da fé e ainda assim parece estar sempre deparando com um poço seco. As orações soam vazias. Os objetivos se mostram impensáveis. O cristianismo é um disco empenado cheio de altos e baixos e notas fora do tom.

Isso é tudo? Igreja aos domingos. Belos cânticos. Dízimos regulares. Cruzes douradas. Ternos elegantes. Grandes corais. Bíblias de couro. Isso tudo é muito bom, mas... onde está o coração?

Pense nestas palavras de Paulo, registradas em 1Coríntios 15: "O que primeiramente lhes transmiti foi o que recebi: que Cristo morreu pelos nossos pecados, segundo as Escrituras."

Aí está. Quase simples demais. Jesus foi morto e sepultado e ressuscitou. Surpreso? A parte que importa é a cruz. Nem mais nem menos.

"A parte que importa é a cruz." Explique o que essa sentença significa.

Um convite pessoal

Venham a mim [...] e eu lhes darei descanso.
Mateus 11:28

Quando Jesus diz: "Venham a mim", ele não o está convidando à religião, a um sistema ou a uma determinada doutrina. Esse é um convite muito pessoal de Deus, um convite do Salvador.

Deus não está longe — não está tão acima de nós que não possa ver e entender os nossos problemas. Jesus não é o Deus no topo da montanha — ele é o Salvador que desceu, viveu e trabalhou entre os seres humanos. Em todos os lugares em que esteve, as multidões o seguiam, atraídas pelo ímã que era — e ainda é — o Salvador.

A vida de Jesus Cristo é uma mensagem de esperança, uma mensagem de misericórdia, uma mensagem de vida num mundo tenebroso.

Faça uma lista de aspectos da mensagem de Jesus Cristo que trazem esperança a você pessoalmente.

A JORNADA PARA A CRUZ

[Jesus] lhes foi entregue por propósito determinado e pré-conhecimento de Deus.

ATOS 2:23

Jesus morreu... com um propósito. Sem surpresa. Sem hesitação. Sem vacilação.

Você pode dizer muito a respeito de alguém pelo modo como ele morre. E o modo como Jesus marchou para a morte não deixa dúvida: ele veio à terra para aquele momento. Leia as palavras de Pedro: "[Jesus] lhes foi entregue por propósito determinado e pré-conhecimento de Deus; e vocês, com a ajuda de homens perversos, o mataram, pregando-o na cruz" (Atos 2:23).

Não. A jornada para a cruz não começou em Jericó. Nem na Galileia. Nem em Nazaré. Nem mesmo em Belém.

A jornada para a cruz começou muito antes. Enquanto o eco do esmagamento do fruto ainda soava no jardim, Jesus já estava se preparando para o Calvário.

Descreva como a jornada de Cristo até a cruz mostra o maravilhoso amor de Deus.

Um chamado fora do comum

O Espírito deu a cada um de nós uma forma especial de servir aos outros.

1Coríntios 2:7 (CEV)

Você tem algo. Uma faísca divina. Um chamado fora do comum para uma vida incomum. O Espírito deu a cada um de nós uma *forma especial* de servir os outros. Para que não haja a desculpa: "Não tenho nada a oferecer." O apóstolo Paulo disse: "O Espírito deu a alguns de nós..."? Ou: "O Espírito deu a poucos de nós"? Não. "O Espírito deu a cada um de nós uma forma especial de servir aos outros." Chega desta alegação autoincriminatória: "Não sei fazer nada."

E chega de dizer o oposto, que é arrogância: "Eu tenho que fazer tudo." Não, não tem. Você não é a solução de Deus para a sociedade, mas é uma solução na sociedade. Imite Paulo, que disse: "Não nos gloriaremos além do limite adequado, mas limitaremos nosso orgulho à esfera de ação que Deus nos confiou " (2Coríntios 10:13). Defina a sua contribuição.

Não se preocupe com as habilidades que você não tem. Não cobice as qualidades que os outros possuem. Apenas permita que a sua singularidade seja aproveitada.

Você costuma se preocupar com as habilidades que você não tem? Qual a melhor atitude a tomar com relação à sua singularidade?

Ele era acessível

Aquele que é a Palavra tornou-se carne e viveu entre nós.

João 1:14

"A Palavra tornou-se carne", João disse. Ou seja, ele era palpável, acessível, atingível. E, mais que isso, era uma pessoa comum. Se estivesse aqui hoje, provavelmente você não o notaria quando ele andasse num *shopping*. Ele não atrairia os olhares pelas roupas que vestisse ou pelas joias que usasse.

Quase o ouvimos dizer: "Pode me chamar de Jesus."

Ele era o tipo de pessoa que você convidaria para assistir ao jogo de futebol em sua casa. Ele brincaria no chão com os seus filhos, cochilaria no sofá e assaria carne em sua churrasqueira. Riria de suas piadas e até contaria algumas. E, quando você falasse, ele o escutaria como se tivesse todo o tempo do mundo.

E uma coisa é certa, você o convidaria a voltar.

Como isso pode ajudar você a entender que Jesus era palpável e acessível?

Uma obra pronta

Estou convencido de que aquele que começou boa obra em vocês, vai completá-la.

Filipenses 1:6

A mensagem de Jesus aos religiosos é simples: "Não é o que você faz. É o que eu faço. Sou eu que tenho agido."

Os legalistas ficam extenuados. É uma obra interminável. Há sempre outra aula para assistir, um sábado para guardar, um ramadã para observar. Nenhuma prisão é tão perpétua quanto a da perfeição. Os internos encontram uma ocupação, mas nunca encontram a paz. Como poderiam? Eles não sabem quando a sua obra terminará.

Cristo, no entanto, presenteia você com uma obra pronta. Ele cumpriu a Lei para você. Despachou a carga da religião. Extinguiu o medo de que, depois de fazer tudo, ainda não fosse o bastante. Você sobe as escadas não pela sua força, mas pela força dele. Deus promete ajudar os que reconhecem que não são capazes de fazer tudo por si mesmos.

Você já se sentiu sobrecarregado pela religião legalista? Por que ela é tão sem sentido?

Tudo de que precisa

O meu Deus suprirá todas as necessidades de vocês, de acordo com as suas gloriosas riquezas em Cristo Jesus.

FILIPENSES 4:19

Posso me intrometer um instante? Qual a única coisa que separa você da alegria? Como você preenche o espaço em branco na declaração: "Serei feliz quando ____________________"? Quando for curado. Quando for promovido. Quando me casar. Quando ficar solteiro de novo. Quando ficar rico. Como você terminaria a frase?

Agora, com a sua resposta em mente, responda à minha pergunta: se o seu navio nunca ancorar, se o seu sonho nunca se realizar ou se a situação nunca mudar, você será feliz? Se a resposta for "não", você... precisa saber o que tem em seu Pastor.

Você tem um Deus que o escuta, tem o poder do amor como guarda-costas, o Espírito Santo dentro de si e o céu inteiro à sua frente. Se você tem o Pastor, tem a graça e o perdão para todos os pecados, a correção para todo desvio de rota, uma luz para sair de qualquer beco escuro e uma âncora para qualquer tempestade. Você tem tudo de que precisa.

"Se você tem o Pastor, tem tudo de que precisa." Explique o que essa afirmação significa.

Cristo, uma pessoa gentil

Nem mesmo o Filho do homem veio para ser servido, mas para servir.

Marcos 10:45

Eu não costumava pensar muito a respeito da gentileza de Cristo, mas depois que atentei para isso percebi que ele faz um cavalheiro parecer Homer Simpson.

Cristo não precisava agir assim, porque é dono do seu coração. Se alguém tem o direito de entrar sem pedir licença, é ele. Mas não. A batidinha gentil que você ouve? É Cristo. "Eis que estou à porta e bato" (Apocalipse 3:20). E, quando você responde, ele espera o seu convite para cruzar a soleira.

E ele sempre traz um presente. Alguns trazem vinho ou flores. Cristo traz "o dom do Espírito Santo" (Atos 2:38). E, enquanto permanece em sua casa, ele ajuda nas tarefas. "Nem mesmo o Filho do homem veio para ser servido, mas para servir" (Marcos 10:45). Se você está sem avental, ele estará usando um. Ele serve os convidados à medida que se sentam à mesa (João 13:4-5). Ele só comerá depois de dar graças e não sairá até que o jantar termine e as sobras sejam recolhidas (Mateus 14:19-20).

Cristo servia, se dedicava e tinha paciência com os outros. Como isso afeta a sua maneira de tratar as pessoas?

Jesus dissipa as dúvidas

Eles ficaram assustados e com medo [...] Ele lhes disse: "Por que vocês estão perturbados e por que se levantam dúvidas no coração de vocês? Vejam [...] Sou eu mesmo!
LUCAS 24:37-39

Eles haviam traído o seu Mestre. Quando Jesus precisou deles, bateram em retirada. E agora precisavam lidar com a vergonha.

Em busca do perdão, mas sem saber onde procurar, os discípulos voltaram. Eles foram atraídos para o mesmo cenáculo que guardava a doce lembrança do pão partido e do vinho simbólico.

Eles voltaram. Cada um com um álbum de recortes cheio de lembranças e um fiozinho de esperança. Cada um sabendo que tudo estava acabado, mas no coração esperançosos de que o impossível acontecesse outra vez. "Se eu pelo menos tivesse mais uma chance..."

E, justamente quando o abatimento fica forte e espesso; quando o seu pensamento desejoso é acossado pela lógica; quando alguém diz: "Eu daria a minha alma imortal para vê-lo de novo", um rosto familiar atravessa a parede.

Puxa, que final! Ou, melhor dizendo, que começo!

Cristo SEMPRE nos estende a sua misericórdia.
O que isso significa para você?

A ajuda do Espírito Santo

O Espírito nos ajuda em nossa fraqueza.
Romanos 8:26

O Espírito nos ajuda em nossa fraqueza. Que sentença digna de destaque! Quem não precisa desse lembrete? Corpo fraco. Vontades débil. Decisões raquíticas. Já conhecemos todos eles. A palavra "fraqueza" pode se referir à enfermidade física, como a do paralítico que não andava havia 38 anos (João 5:5), ou à impotência espiritual, como com os cristãos "fracos" de Romanos 5:6.

Seja a nossa fraqueza na alma, seja no corpo, ou em ambos, é muito bom saber que isso não cabe a nós. O próprio Espírito intercede a nosso favor.

O próprio Espírito intercede pelas nossas fraquezas diante do trono de Deus. Explique como isso traz conforto a você.

Você pode confiar nele

Aproximemo-nos do trono da graça com toda a confiança, a fim de recebermos misericórdia e encontrarmos graça que nos ajude no momento da necessidade.

Hebreus 4:16

Por que Jesus viveu na terra todo aquele tempo? Não poderia ter optado por uma vida mais curta? Por que não entrar em nosso mundo apenas o tempo necessário para morrer pelos nossos pecados e depois ir embora? Por que não um ano ou uma semana sem pecado? Por que ele teve de viver uma vida inteira? Assumir os nossos pecados é uma coisa, mas sofrer queimaduras de sol e inflamação na garganta? Experimentar a morte, sim, mas suportar a vida? Aguentar estradas longas, dias cansativos e raros momentos de sossego? Por que Ele fez isso?

Porque ele quer que você confie nele.

Ele já esteve onde você está e sabe como você se sente. E, se a vida dele na terra não é o bastante para convencê-lo, a morte dele na cruz deveria ser. Ele entende o que você está passando. Nosso Senhor não nos trata com condescendência nem faz pouco caso de nossas necessidades. Ele "a todos dá livremente, de boa vontade" (Tiago 1:5).

Saber que Cristo experimentou a vida como nós a conhecemos aqui na terra ajuda você a confiar nele? Explique por quê.

Religião por computador

Quem crê no Filho tem a vida eterna.
João 3:36

Cristianismo computadorizado. Clique no botão direito, digite a senha, insira os dados e... bingo! Imprima a sua salvação.

Você faz a sua parte, e o computador divino faz a dele. Sem necessidade de orar (afinal, você controla o teclado). Sem necessidade de algum contato emocional (quem quer abraçar circuitos?). E a adoração? Bem, adoração é um exercício de laboratório — insira os rituais e veja os resultados.

Religião por computador. É isso que acontece quando...

... você substitui o Deus vivo por um sistema frio;

... você substitui o amor inestimável por um relatório pró-forma;

... você substitui o sacrifício definitivo de Cristo pelas insignificantes conquistas humanas.

A adoração tornou-se um ritual para você? Cite algumas maneiras pelas quais Deus demonstrou o seu amor por você e pela sua família e que reacenderam a alegria da adoração.

Jesus resistiu à tentação

[Jesus] como nós, passou por todo tipo de tentação, porém, sem pecado.
HEBREUS 4:15

Quando os seus acusadores o chamaram de endemoninhado, Jesus exigiu uma prova: "Qual de vocês pode me acusar de algum pecado?" (João 8:46), desafiou. Peçam ao meu círculo de amizades que apontem os meus pecados e vejam quantas mãos se levantam. Fizeram a mesma pergunta aos que conheciam Jesus, e ninguém disse nada. Cristo foi seguido pelos discípulos, observado pelas multidões, criticado pela família e investigado pelos inimigos, mas não havia ninguém que se lembrassem de um único pecado cometido por ele. Ele nunca foi visto no lugar errado. Nunca disse uma palavra inadequada. Nunca agiu de modo reprovável. Ele nunca pecou. Não que não tenha sido tentado, veja bem. Ele "como nós, passou por todo tipo de tentação, porém, sem pecado".

A luxúria o cortejou. A cobiça o tentou. O poder o chamou. Jesus — o humano — foi tentado. Mas Jesus — o Deus santo — resistiu.

Jesus foi tentado, mas resistiu à tentação. Explique como isso pode nos incentivar a buscar poder para vencer a tentação.

Um ato de graça

Dou a minha vida pelas ovelhas.

João 10:15

Nosso Mestre viveu uma vida tridimensional. Ele tinha uma visão tão clara do futuro quanto do presente e do passado.

É por isso que as cordas usadas para lhe amarrar as mãos e os soldados designados para conduzi-lo até a cruz eram desnecessários. Foram elementos incidentais. Se não estivessem lá — nenhum julgamento, nenhum Pilatos e nenhuma multidão—, a crucificação teria ocorrido de outra forma. Ainda que se visse obrigado a pregar a si mesmo na cruz, ele o teria feito. Porque não foram os soldados que o mataram nem os gritos da turba: foi a dedicação dele a nós.

Assim, chame isso como quiser: um ato de graça; um plano de redenção; um martírio. Dê a isso o nome que quiser, mas não diga que foi um acidente. Foi tudo menos isso.

A morte de Cristo não foi um acidente, e sim um ato de devoção, de dedicação a nós. Explique em poucas palavras o significado dessa afirmativa.

Assuma riscos por amor a Deus

Muito bem, servo bom e fiel! Você foi fiel no pouco, eu o porei sobre o muito.

Mateus 25:21

Use a sua singularidade para assumir riscos por Deus!

Se você leva jeito com crianças, seja voluntário num orfanato.

Se você tem tino comercial, monte um estabelecimento para distribuição de sopa.

Se Deus lhe deu inclinação para a medicina, dedique um dia ou uma década a pacientes de AIDS.

O único erro é não se arriscar a nada.

Ele foi generoso com você ao lhe conceder certas habilidades nesta vida e uma promessa para a próxima. Suba na árvore: ele não deixará você cair. Assuma um grande risco: ele não deixará você fracassar. Ele o convida a sonhar com o dia em que sentirá a mão dele em seu ombro e os olhos dele olhando diretamente os seus. "Muito bem, servo bom e fiel!", ele dirá.

Você tem medo de assumir riscos por Deus? Por quê? Como você poderia usar a sua singularidade por ele?

Absurdos e ironias

Pai, nas tuas mãos entrego o meu espírito.

Lucas 23:46

Quando Cristo deu o seu último suspiro, a terra teve uma súbita convulsão. Uma rocha rolou, e um soldado caiu. Então, de modo tão repentino como foi quebrado, o silêncio voltou. E agora tudo está quieto. A zombaria cessou. Não há ninguém para zombar.

Os soldados estão ocupados na tarefa de remover os corpos. Dois homens se aproximam. Bem vestidos e bem-intencionados, eles recebem o corpo de Jesus.

E somos deixados com as relíquias de sua morte.

Três pregos numa caixa.

Três sombras em forma de cruz.

Uma coroa trançada com pontas escarlate.

Bizarro, não? Pensar que esse sangue não é sangue de homem, mas de Deus!

Loucura, não? Pensar que esses pregos fixaram os seus pecados à cruz!

Absurdos e ironias. O monte Calvário não faria muito sentido sem essas duas características.

O que as imagens da morte de Cristo significam para você?

Anjos poderosos

Os anjos não são, todos eles, espíritos ministradores enviados para servir aqueles que hão de herdar a salvação?

Hebreus 1:14

Asas transparentes e doçura de um merengue? Talvez para os anjos dos *gift books*, mas os anjos de Deus são caracterizados por uma força indescritível. Paulo afirma que Cristo se manifestará "com os seus anjos poderosos" (2Tessalonicenses 1:7). Na palavra traduzida por "poderosos", temos o adjetivo "dinâmico". Os anjos possuem força dinâmica. Foi necessário um único anjo para matar os primogênitos do Egito e também apenas um para fechar a boca dos leões e proteger Daniel. Davi se refere aos anjos da seguinte forma: "Bendigam o Senhor, vocês, seus anjos poderosos, que obedecem à sua palavra" (Salmos 103:20).

Não adianta falar com os anjos, eles não vão ouvir. Os ouvidos deles estão sintonizados apenas com a voz de Deus. Eles são "espíritos ministradores" que cumprem as ordens de Deus e seguem apenas as suas instruções. Jesus declarou que eles "estão sempre vendo a face de meu Pai celeste" (Mateus 18:10). Um único som importa para os anjos — a voz de Deus.

Que questões esses comentários ajudaram você a esclarecer?

Há espaço para milagres

Se eu não vir as marcas dos pregos nas suas mãos [...]
e não puser a minha mão no seu lado, não crerei.
João 20:25

Em nosso mundo de orçamentos, planejamento de longo prazo e computadores, não é difícil acreditar no inacreditável? Não tende a maioria de nós a pesquisar a vida por trás das fisionomias contraídas e a andar com cautela? É difícil imaginar que Deus possa nos surpreender. Abrir um pequeno espaço para milagres hoje... bem, não é um raciocínio lógico.

Cometemos o erro de Tomé: esquecemo-nos de que "impossível" é uma das palavras favoritas de Deus.

E você? Como está a sua imaginação ultimamente? Quando foi a última vez que você permitiu que os seus sonhos abrissem caminho para fora da lógica? Quando foi a última vez que você imaginou o inimaginável? Quanto tempo faz desde a última vez em que você se apoiou na preciosa garantia de que Deus "é capaz de fazer infinitamente mais do que tudo o que pedimos ou pensamos" (Efésios 3:20)?

Cite algumas ocasiões em que Deus lhe mostrou que "impossível" é uma de suas palavras favoritas.

O AMOR SE ALEGRA COM A VERDADE

O amor não se alegra com a injustiça,
mas se alegra com a verdade.
1CORÍNTIOS 13:6

Nesse versículo, temos um teste para o amor. Aqui está um exemplo. Um exemplo clássico. Um jovem casal está namorando. A afeição dele vai além da zona de conforto dela. Ela resiste. Mas ele tenta persuadi-la com o argumento mais antigo que existe: "Mas eu amo você! Só quero ficar perto de você. Se você me amasse..."

Aquele alarme que você ouve? É o detector de amor falso. O rapaz não ama a garota. Talvez ame o corpo dela. Depois poderá se vangloriar de sua conquista diante dos amigos. Mas ele não a ama. O amor verdadeiro jamais exigirá que a "pessoa amada" faça algo que ela considera errado.

Quer saber se o seu amor por alguém é verdadeiro? Se a sua amizade é genuína? Pergunte a si mesmo: "Sou uma boa influência sobre essa pessoa?"

Você exerce uma influência positiva sobre os seus amigos? Por quê? Como os seus amigos influenciam você?

A PREOCUPAÇÃO É INÚTIL

Quem de vocês, por mais que se preocupe, pode acrescentar uma hora que seja à sua vida?
MATEUS 6:27

Ninguém precisa lembrá-lo do alto custo da ansiedade. (Mas vou fazer isso mesmo assim.) A preocupação divide a mente. A palavra bíblica para "preocupação" (*merimnao*) é uma combinação de duas palavras gregas, *merizo* ("dividir") e *nous* ("a mente"). A ansiedade divide a nossa energia entre as prioridades de hoje e os problemas de amanhã. Parte de nossa mente está concentrada no que acontece *agora*, enquanto a outra parte se concentra no que ainda não aconteceu. O resultado é uma vida de pensamentos divididos.

E esse não é o único resultado. A preocupação não é uma doença, mas provoca doenças. Ela está relacionada com pressão alta, problemas cardíacos, cegueira, enxaqueca, disfunções da tireoide e uma série de desordens estomacais.

A ansiedade é um hábito caro. Sem dúvida, valeria a pena se nos beneficiasse. Mas não. Nossas preocupações são inúteis. A preocupação jamais iluminou um dia, resolveu um problema ou curou uma doença.

Cite alguns dos altos custos da ansiedade. Agora escreva o que mudaria em sua vida se você se preocupasse menos.

Glorie-se nisso!

Que outros façam elogios a você, não a sua própria boca.
Provérbios 27:2

Exigir respeito é como perseguir uma borboleta. Faça isso, e você jamais a apanhará. Mas fique sentado e quieto, e ela poderá pousar em seu ombro. O filósofo francês Blaise Pascal pergunta: "Quer que as pessoas falem bem de você? Então nunca fale bem de si mesmo." Talvez seja por isso que lemos na Bíblia: "Que outros façam elogios a você, não a sua própria boca."

Você sente necessidade de afirmação? A sua autoestima clama por atenção? Você não precisa se insinuar nem se exibir. Basta ficar parado ao pé da cruz e ser lembrado disto: o Criador das estrelas preferiu morrer por você a viver sem você. E isso é um fato. Então, se você está precisando se gloriar, glorie-se nisso.

Sua autoestima irá aumentar se você souber que o Criador das estrelas preferiu morrer por você a viver sem você? Explique por quê.

"Venham a mim"

Venham a mim, todos os que estão cansados e sobrecarregados, e eu lhes darei descanso.

Mateus 11:28

"Venham a mim." O convite é para ir a ele. Por que a ele?

Ele convida o povo na condição de rabino pobre de uma nação oprimida. Ele não ocupa nenhum cargo político nem tem contatos entre as autoridades de Roma. Nunca escreveu um *best seller* nem recebeu um diploma.

No entanto, ele ousa encarar o rosto endurecido dos lavradores e a face cansada das donas de casa e lhes oferecer alívio. Ele fixa o olhar nos olhos desiludidos de uns poucos pregadores de Jerusalém. Observa o olhar carregado de cinismo de um banqueiro e os olhos famintos de um garçom e faz esta promessa paradoxal: "Tomem sobre vocês o meu jugo e aprendam de mim, pois sou manso e humilde de coração, e vocês encontrarão descanso para as suas almas" (Mateus 11:29).

E as pessoas foram a ele. Vinham dos becos e dos centros de atividades da época trazendo consigo as cargas de sua existência. E ele não os recebeu com uma religião, uma doutrina ou algum sistema: apenas lhes deu descanso.

Escreva uma nota de agradecimento a Cristo pelo descanso que ele concede.

Ele conhece

Que dizer a respeito daquele a quem o Pai santificou e enviou ao mundo?
João 10:36

Deus conosco.

Ele conhece a dor. Seus irmãos o chamaram de louco.

Ele conhece a fome. Ele providenciou uma refeição com grãos extraídos dos campos de trigo.

Ele conhece o cansaço. Certa vez, ficou com tanto sono que cochilou num barco chacoalhado por uma tempestade.

Acima de tudo, ele conhece o pecado. Não o dele, é claro. Mas conhece os nossos.

Cada mentira que você contou.

Cada pessoa que você ofendeu.

Cada promessa que você quebrou.

Cada ação que você cometeu contra Deus — porque todo pecado é contra Deus — Jesus conhece. E os conhece melhor que você. Ele conhece o preço deles. Porque pagou por eles.

Como você se sente ao saber que Cristo conhece todos os seus pecados, melhor que você mesmo? Explique por quê.

AS BRASAS DO AMOR

Deus derramou seu amor em nossos corações, por meio do Espírito Santo que ele nos concedeu.
ROMANOS 5:5

O que fazer se você estiver casado com alguém que você não ama ou com alguém que não ama você? Muitos decidem ir embora. Talvez seja esse o passo que você pretende dar. Mas se é assim, dê pelo menos mil passos antes disso. E afunde cada um desses passos na oração. O amor é um dos frutos do Espírito. Peça a Deus que o ajude a amar como ele ama. "Deus derramou seu amor em nossos corações, por meio do Espírito Santo que ele nos concedeu." Peça oração a cada pessoa que você conhece. Seus amigos. Sua família. Os líderes da igreja. Ponha o seu nome em todas as listas de oração disponíveis. E, acima de tudo, ore pelo seu cônjuge — se possível, *com* ele. Peça ao mesmo Deus que ressuscitou os mortos que sopre as brasas do amor de vocês.

Não é bom saber que, mesmo quando não amamos com um amor perfeito, ele ama? Deus sempre incentiva o que é certo. Ele sempre aplaude o que é correto. Ele nunca faz nada de errado, não incita ninguém a fazer algo errado nem se alegra quando alguém erra. Porque ele é amor.

Deus ama com um amor perfeito, mesmo quando não o fazemos. De que forma isso lhe traz encorajamento com relação às pessoas e circunstâncias de sua vida?

"Nunca mais"

Dada a ordem, com a voz do arcanjo e o ressoar da trombeta de Deus, o próprio Senhor descerá dos céus.
1 Tessalonicenses 4:16

Você já se perguntou o que será essa voz? Será a palavra inaugural do céu. A primeira mensagem audível proveniente de lá. As palavras que darão fim a uma era e início a outra.

Acho que sei quais serão essas palavras. Posso estar errado, mas penso que a proclamação que porá um fim às dores da terra e dará início às alegrias do céu serão duas palavras: "Nunca mais."

O Rei dos reis levantará a mão perfurada e proclamará: "Nunca mais."

Os anjos se colocarão de pé, e o Pai dirá: "Nunca mais."

Toda pessoa que vive ou já viveu olhará para o céu e ouvirá Deus anunciar: "Nunca mais."

Solidão... nunca mais.

Lágrimas... nunca mais.

Morte... nunca mais. Tristeza... nunca mais. Choro... nunca mais. Dor... nunca mais.

Que coisas você acrescentaria à lista do "nunca mais"?

Renuncie à sua vida

[Jesus] esvaziou-se a si mesmo, vindo a ser servo, tornando-se semelhante aos homens.

Filipenses 2:7

Deus nos concede uma vida incomum depois que renunciamos à nossa vida comum. "Quem quiser salvar a sua vida, a perderá, mas quem perder a sua vida por minha causa, a encontrará" (Mateus 16:25).

Jesus fez isso. Ele "esvaziou-se a si mesmo, vindo a ser servo, tornando-se semelhante aos homens. E, sendo encontrado em forma humana, humilhou-se a si mesmo e foi obediente até a morte, e morte de cruz!" (Filipenses 2:7,8).

Ninguém em Nazaré o saudou como Filho de Deus. Ele não se destacou no anuário da escola. Os amigos o conheciam como um carpinteiro, não como um astro. Sua aparência não chamava a atenção. Sua posição não lhe proporcionava nenhum prestígio. Ele "esvaziou-se a si mesmo, vindo a ser servo".

Deus procura alguém que faça o mesmo — pessoas por meio das quais possa entregar Cristo ao mundo.

Explique por que Deus está à procura de pessoas dispostas a renunciar à própria vida.

Mensagem de esperança

Tudo o que foi escrito no passado, foi escrito para nos ensinar, de forma que [...] mantenhamos a nossa esperança.

Romanos 15:4

Encoraje os que estão lutando. Não sabe o que dizer? Então abra a sua Bíblia.

Para quem está dominado pela tristeza: "Deus mesmo disse: Nunca o deixarei, nunca o abandonarei" (Hebreus 13:5).

Para quem sente a opressão da culpa: "Agora já não há condenação para os que estão em Cristo Jesus" (Romanos 8:1).

Para os desempregados: "Sabemos que Deus age em todas as coisas para o bem daqueles que o amam [a Deus]" (Romanos 8:28).

Para pensa que está fora do alcance da graça de Deus: "... para que todo o que nele crer não pereça, mas tenha a vida eterna" (João 3:16).

Sua Bíblia é um cesto de bênçãos. Por que você não compartilha uma delas?

Sua Bíblia é um cesto de bênçãos. Faça uma lista de bênçãos que você pode compartilhar com um amigo em necessidade.

Escolha o amor

Todo aquele que permanece no amor permanece em Deus.

1João 4:16

Do arquivo intitulado "Isto não vai acontecer", tiro esta sugestão. Vamos fazer do mandamento de Cristo uma lei federal. Todos devem fazer do amor de Deus a sua casa. E vamos acrescentar esta declaração:

Nenhuma pessoa deve sair de casa para encarar o mundo e começar o dia até que tenha se colocado sob a cruz para receber o amor de Deus.

Motoristas de táxi. Presidentes. Pregadores. Dentistas e caminhoneiros. Todos devem passar um tempo na fonte dos desejos até que a sede desapareça.

Você não anseia pela mudança que veríamos? Menos buzinas no trânsito e mais abraços e ajuda para as crianças. Menos julgamentos e mais elogios. O perdão chegaria às alturas.

Ideia maluca? Concordo. O amor de Deus não pode ser legislado, mas pode ser escolhido. Escolha-o, por favor! Pelo amor de Cristo — e pelo seu —, escolha-o!

Você escolheu ficar ao pé da cruz para receber o amor de Deus? Como isso afeta a sua vida?

Seu trabalho pode ser um ato de adoração

Tudo o que fizerem, seja em palavra ou em ação, façam-no em nome do Senhor Jesus.

Colossenses 3:17

Você já viu a pintura *O Angelus*, de Jean-François Millet? Ele retrata dois camponeses orando no campo. A torre de uma igreja aparece no horizonte, e uma luz desce do céu. Os raios de sol, porém, não iluminam a igreja. Também não estão sobre as cabeças inclinadas do homem e da mulher. A luz incide sobre o carrinho de mão e o forcado aos pés do casal.

Os olhos de Deus também estão postos no trabalho de nossas mãos. Nossas quartas-feiras são tão importantes para ele quanto os nossos domingos. Ele mistura o secular com o sagrado. A mãe mantém uma placa sobre a pia da cozinha: "Tarefas divinas executadas aqui diariamente." O executivo pendura uma placa em seu escritório: "Minha mesa é o meu altar." Ambos estão corretos. Com Deus, o nosso trabalho é tão importante quanto a nossa adoração. Na verdade, o trabalho pode ser um ato de adoração.

Você vê o seu trabalho como um ato de adoração? Por quê?

A VIDA É LONGA O BASTANTE

Os teus olhos viram o meu embrião; todos os dias determinados para mim foram escritos no teu livro antes de qualquer deles existir.

SALMOS 139:16

Nenhum ser humano vive um dia a mais ou a menos do que Deus pretende. "Os teus olhos viram o meu embrião; todos os dias determinados para mim foram escritos no teu livro antes de qualquer deles existir."

Mas os seus dias aqui foram tão poucos!

Sua vida foi tão curta!

Para nós, parece ser assim. Falamos de uma vida curta, mas, comparada com a eternidade, quem tem vida longa? Os dias de uma pessoa na terra podem parecer uma gota no oceano. Nossa vida pode parecer curta demais. Comparados com o Pacífico da eternidade, porém, os anos todos de Matusalém não encheriam mais que um copo.

No plano de Deus, toda vida é longa o bastante, e toda morte é oportuna. E, embora você e eu possamos desejar uma vida mais longa, Deus sabe o que é melhor para nós.

"No plano de Deus, toda vida é longa o bastante."
Como essa declaração se relaciona com a sua vida?
E com a vida das pessoas a quem você quer bem?

Lama e estrume

A sua misericórdia estende-se aos que o temem, de geração em geração.
Lucas 1:50

Durante 33 anos, ele sentiu tudo que você e eu já sentimos. Ele se sentiu fraco. Ele ficou cansado. Ele teve medo de falhar. Ele sentia vontade de cortejar as mulheres. Ele ficava resfriado, arrotava e podia ter cheiro de suor. Seus sentimentos foram feridos.

Pensar em Jesus dessa forma é... bem, parece quase irreverente, não é? Não é algo que gostamos de fazer. É desconfortável. É muito mais fácil manter a humanidade fora da encarnação. Limpe o estrume em volta da manjedoura. Limpe o suor dos olhos. Finja que ele nunca roncou, assoou o nariz ou acertou o dedão com um martelo.

Assim é mais fácil tolerar esse pensamento. Existe algo em conservá-lo divino que o mantém distante, "embalado", previsível.

Mas não faça isso. Pelo amor de Deus, não faça isso! Deixe que ele seja tão humano quanto pretendia ser. Deixe-o pisar no estrume e na lama de nosso mundo. Porque ele só poderá nos puxar para fora se entrar ali.

Por que Cristo deseja que você lhe permita pisar no estrume e na lama de nosso mundo?

Novembro

Conhecerão a verdade, e a verdade os libertará.

João 8:32

Um amor que nunca perece

O amor nunca perece.
1Coríntios 13:8

Alguns estão ansiosos por esse tipo de amor. Um amor que nunca perece. Quem deveria ter amado você não amou. Você foi largado no hospital. Abandonado no altar. Deixado numa cama vazia. Deixado com um coração partido. Deixado com a pergunta: "Alguém me ama?"

Por favor, ouça a resposta do céu! Deus ama você. Pessoalmente. Poderosamente. Apaixonadamente. Outros prometeram e falharam. Mas Deus prometeu e cumpriu. Ele ama você com um amor que não perece. E esse amor — se você permitir — pode encher você e conduzi-lo a um amor que vale a pena.

Então venha. Venha com sede e beba à saciedade.

O amor humano já falhou com você? Como a promessa divina de um amor que não perece poderá encorajá-lo?

Deus entrou no tempo

Celebrarão os feitos do Senhor, pois grande é a glória do Senhor!

Salmos 138:5

Quando Deus entrou no tempo e se tornou humano, o infinito tornou-se finito. Por mais de três décadas, o seu alcance, antes ilimitado, estaria reduzido à extensão de um braço, e a sua velocidade estaria restrita às passadas humanas.

Pergunto-me: será que ele alguma vez foi tentado a lamentar a ausência daquele seu poder ilimitado? Quando a chuva lhe esfriava os ossos, ele se sentia tentado a mudar o tempo? Quando o calor ressecava os seus lábios, será que ele não pensava em dar uma rápida chegada ao Caribe para se refrescar?

Se alguma vez Jesus teve esses pensamentos, saiba que ele nunca cedeu a eles. Cristo jamais usou os seus poderes sobrenaturais para conforto pessoal. Com uma palavra, ele poderia ter transformado a terra dura num colchão macio, mas não o fez. Com um leve movimento da mão, poderia ter feito o cuspe de seus acusadores voltar para o rosto deles, mas não o fez. Com um arquear das sobrancelhas, poderia ter paralisado a mão do soldado que trançava a coroa de espinhos. Mas não o fez.

Embora Cristo pudesse ter usado os seus poderes sobrenaturais para conforto pessoal, ele não o fez. Que vantagens isso nos traz?

Deus usa coisas comuns

Quem tentar conservar a sua vida a perderá, e quem perder a sua vida a preservará.
Lucas 17:33

No céu, bem poderia haver um santuário para honrar o uso incomum que Deus faz das coisas comuns.

É um lugar que você desejaria visitar. Passeie por ali e veja o fio de Raabe, o cesto de Paulo, a funda de Davi e a queixada de Sansão. Toque a vara que dividiu o mar e feriu a rocha. Sinta o cheiro do unguento que refrescou a pele de Jesus e animou o seu coração.

Não sei se esses objetos estarão lá. Mas estou certo de uma coisa: as pessoas que os usaram estarão.

Os que correram riscos: Raabe, que abrigou os espias. Os irmãos que desceram Paulo pelo muro.

Os conquistadores: Davi, que lançou uma pedra. Sansão, que brandiu um osso. Moisés, que ergueu um cajado.

Os devotos: Maria aos pés de Jesus. O presente dela custou caro, mas de alguma forma sabia que o que ele lhe daria iria custar muito mais.

Que nomes de pessoas comuns você poderia acrescentar à lista dos que correram riscos, dos conquistadores e dos devotos?

Vislumbres da imagem de Deus

*Dele, por ele e para ele são todas as coisas.
A ele seja a glória para sempre!*
Romanos 11:36

O ar que você acabou de respirar? Foi Deus quem deu. O sangue que acaba de pulsar em seu coração? Credite-o a Deus. A luz pela qual você lê e o cérebro com o qual você processa a leitura? Ambos foram dados por ele.

Tudo vem dele... e existe por ele. Nós existimos para ser instrumentos de Deus, para mostrar a sua presença e a sua glória. Somos telas para as suas pinceladas, papel para a sua caneta, terra para as suas sementes, vislumbres de sua imagem.

Pense em sua vida como uma tela para as pinceladas de Deus. Como você descreveria a imagem com que ele representará a sua vida?

Nosso maior dilema

Eu sou a ressurreição e a vida. Aquele que crê em mim, ainda que morra, viverá.

João 11:25

As palavras dela expressavam desespero.

"Se estivesses aqui..." Ela encara o Mestre com um olhar confuso. Havia se mostrado forte por tempo o suficiente, mas agora doía demais. Lázaro estava morto. Seu irmão havia partido. E o único homem que poderia ter feito a diferença não estava presente na hora da morte. Nem mesmo no enterro. Algo na morte nos impele a acusar Deus de traição. "Se Deus estivesse aqui, ninguém morreria!", afirmamos.

Mas veja: se Deus é Deus em todos os lugares e em qualquer situação, ele também tem de ser Deus diante da morte. A psicologia popular pode lidar com a depressão. Uma conversa de encorajamento pode tratar o pessimismo. A prosperidade pode resolver a fome. Mas só Deus pode lidar com o nosso maior dilema — a morte. E só o Deus da Bíblia ousou postar-se à beira do abismo e oferecer uma resposta. Ele tem de ser Deus diante da morte. Do contrário, não seria Deus em lugar algum.

Só Deus pode lidar com o nosso maior dilema — a morte. Como você experimentou essa verdade em sua vida ou na vida de um amigo?

O PASTOR NOS GUIA

Em verdes pastagens me faz repousar e
me conduz a águas tranquilas.
SALMOS 23:2

No segundo versículo de Salmos 23, Davi, o poeta, torna-se Davi, o artista. Sua pena transforma-se em pincel, o pergaminho numa tela e as palavras pintam um quadro. Um rebanho de ovelhas com as pernas dobradas cercam o pastor. Um lago sereno de um lado, o pastor vigilante do outro. "Em verdes pastagens me faz repousar e me conduz a águas tranquilas."

Observe o pronome implícito que precede os verbos: "ele". Ele me faz deitar... ele me guia.

Quem é o ativo? Quem está no comando? O pastor. O pastor escolhe a trilha e prepara o pasto. A tarefa das ovelhas — a nossa tarefa — é observar e seguir o Pastor.

De que forma você mantém os olhos no Pastor? De que maneira permite que ele assuma o comando de sua vida?

Conduta amável

Sejam sábios no procedimento para com os de fora.
Colossenses 4:5

Os que não creem em Jesus observam o que fazemos. Eles tomam decisões a respeito de Cristo depois de nos observar. Se nos mostramos bondosos, eles presumem que Cristo é bondoso. Se somos misericordiosos, eles deduzem que Cristo é misericordioso. Mas se nos mostrarmos arrogantes, o que eles vão pensar do nosso Rei? Se formos desonestos, o que um observador irá pressupor a respeito do nosso Mestre? Não é de admirar que Paulo diga: "Sejam sábios no procedimento para com os de fora; aproveitem ao máximo todas as oportunidades. O seu falar seja sempre agradável e temperado com sal, para que saibam como responder a cada um" (Colossenses 4:5-6). A conduta amável honra a Cristo.

Esse comportamento também honra os filhos de Deus. Quando você cede uma vaga de estacionamento para alguém, você o está honrando. Quando devolve um livro emprestado, você honra quem o emprestou. Quando você se esforça para cumprimentar a todos na sala, especialmente aqueles a quem outros se mostraram indiferentes, você honra os filhos de Deus.

Faça uma lista de atitudes suas que
honraram a Cristo nos últimos dias.

No princípio...

Nele estava a vida, e esta era a luz dos homens.

João 1:4

Sempre considerei o apóstolo João um sujeito que enxergava a vida de maneira simples. "O certo é certo, o errado é errado e as coisas não são tão complicadas quanto as fazemos."

Por exemplo, definir Jesus seria um desafio para o melhor dos escritores. João, porém, dá conta do recado com uma analogia casual. O Messias, numa palavra, era... "a Palavra". Uma mensagem ambulante. Uma carta de amor. Fosse um verbo contundente, fosse um adjetivo carinhoso, ele era, de maneira bastante simples, a Palavra.

E a vida? Bem, a vida está dividida em duas categorias: luz e trevas. Se você está numa, não está na outra, e vice-versa.

Mais alguma pergunta?

João descreve a Jesus como "a Palavra". Faça uma lista de palavras que você poderia usar para descrever a Jesus e o que elas significam para você.

Não compete a você

Aquele que sonda os corações conhece a intenção do Espírito, porque o Espírito intercede pelos santos de acordo com a vontade de Deus.

Romanos 8:27

Nenhum de nós ora quanto deveria, mas todos oramos mais do que pensamos, porque o Espírito Santo transforma os nossos suspiros em petições e as nossas lágrimas em súplicas. Ele fala por você e o protege. Ele se assegura de que você será ouvido.

Agora, suponha que alguém não saiba do selo e da intercessão do Espírito. Tal pessoa irá pensar que a segurança da salvação está nela mesma, não em Deus. Acreditará que o poder da oração depende dela, não do Espírito. Que tipo de vida ela terá? Uma vida seca e sem oração.

Mas, e se você acreditar na operação do Espírito? Você será diferente, como resultado disso? Pode apostar que sim. Seus ombros se erguerão quando você arriar o peso deformador da autossuficiência. Seus joelhos se dobrarão quando descobrir o alegre poder do Espírito suplicante. Um andar mais empertigado. Orações mais profundas. E, acima de tudo, uma confiança tranquila que advém de saber que isso não compete a você.

O Espírito Santo fala por você e o protege. O que essa declaração significa para você?

Ele entende

Até os cabelos da cabeça de vocês estão todos contados. Portanto, não tenham medo.

Mateus 10:30-31

Por que Jesus se mostrou cansado em Samaria (João 4:6), perturbado em Nazaré (Marcos 6:6) e irado no Templo (João 2:15)? Por que estava com sono no barco no mar da Galileia (Marcos 4:38), triste no túmulo de Lázaro (João 11:35) e com fome no deserto (Mateus 4:2)?

Por quê? Por que ele se sujeitou a todas essas sensações? Porque ele sabia que você as experimentaria também.

Ele sabia que você ficaria cansado, perturbado e irado. Ele sabia que você perderia o sono, seria dominado pela tristeza e sentiria fome. Ele sabia que você enfrentaria a dor. Se não a dor do corpo, mas a dor da alma... aguda demais para qualquer medicamento. Ele sabia que você sentiria sede. Se não sede de água, pelo menos sede da verdade, aquela que entendemos a partir da imagem de um Cristo sedento é: ele entende.

E porque ele entende, podemos recorrer a ele.

Faça uma lista de coisas que Cristo suportou aqui e que o qualificam como alguém que entende os seus sentimentos.

Quem opera a salvação?

O homem é justificado pela fé,
independente da obediência à Lei.
Romanos 3:28

Se somos salvos pelas boas obras, não precisamos de Deus — lembretes semanais do que devemos ou não devemos fazer nos levarão ao céu. Se somos salvos pelo sofrimento, por certo não precisamos de Deus. Tudo de que precisamos é um chicote, uma corrente e o evangelho da culpa. Se somos salvos pela doutrina, então, pelo amor de Deus, vamos estudar! Não precisamos de Deus, e sim de um léxico.

Mas tome cuidado, estudante! Porque se você é salvo por ter uma doutrina correta, então qualquer erro será fatal. Isso se aplica também aos que acreditam que são justificados por Deus por meio das obras. Espero que a tentação nunca seja maior que a força. Se for, um tombo pode ser um mau presságio. E quem pensa que será salvo pelo sofrimento também deve tomar cuidado, porque ninguém sabe quanto sofrimento será necessário.

Paulo levou décadas para descobrir o que escreveu em apenas uma sentença: "O homem é justificado pela fé." Não pelas boas obras, pelo sofrimento ou pelo estudo.

Explique por que jamais conseguiremos
pagar a dádiva da salvação.

Deixe que ele mude a sua mente

Mantenham o pensamento nas coisas do alto, e não nas coisas terrenas.
COLOSSENSES 3:2

Deus muda o ser humano mudando-lhe a mente. E como isso acontece? Levando em conta a glória de Cristo.

Olhar para ele é tornar-se como ele. Assim como domina os seus pensamentos, Cristo muda você de um estado de glória para outro — segure-se! — até você estar pronto para morar com ele.

O céu é a terra das mentes puras. Da confiança absoluta. Sem medo ou raiva. Vergonha e insucessos são coisas da vida anterior. O céu será maravilhoso não porque as ruas são de ouro, mas porque os nossos pensamentos serão puros.

Então, o que está esperando? Entregue a ele os seus melhores pensamentos e veja se ele não mudará a sua mente.

No céu, os nossos pensamentos serão puros. Escreva abaixo algumas razões pelas quais você está contribuindo para isso.

Peça perdão a Deus

Os que em Cristo foram batizados, de Cristo se revestiram.
Gálatas 3:27

Você não leu errado. Nós nos "revestimos" de Cristo. Quando Deus olha para nós, ele não nos vê: ele vê a Cristo. Nós nos "vestimos" dele. Estamos escondidos nele. Somos cobertos por ele. Como diz a canção: "Vestidos apenas de sua justiça, inocentes para estar diante do trono."

Presunçoso, você diz? Sacrílego? Seria se a ideia fosse minha. Mas não é: é dele. Não somos presunçosos quando nos maravilhamos com a sua graça, e sim quando a rejeitamos. E somos sacrílegos não quando pedimos o seu perdão, mas quando permitimos que os pecados insistentes do passado nos convençam de que Deus perdoa, mas não esquece.

Faça um favor a si mesmo. Lembre-se... de que ele se esqueceu.

Você alguma vez já se esqueceu de que Deus esquece os pecados do passado? Escreva uma nota de agradecimento a ele por seu maravilhoso esquecimento.

Deus conosco

"A virgem ficará grávida e dará à luz um filho, e lhe chamarão Emanuel", que significa "Deus conosco".

Mateus 1:23

O tratamento de Deus para a insignificância não levará você a um bar ou a uma agência de relacionamentos amorosos, um cônjuge ou um clube social. A cura definitiva de Deus para a vida comum leva você a uma manjedoura. O menino de Belém. Emanuel. Lembra-se da promessa do anjo? "A virgem ficará grávida e dará à luz um filho, e lhe chamarão Emanuel" (Mateus 1:23). Emanuel quer dizer "Deus conosco".

Emanuel. O nome aparece na mesma forma hebraica que há 2 mil anos. Immanu significa "conosco". El refere-se a Eloim, ou seja, Deus. Não um "Deus acima de nós" ou um "Deus em algum lugar da vizinhança". Ele veio como o Deus que está com cada um de nós. Deus conosco.

Não "Deus com os ricos" ou "Deus com os religiosos". Mas Deus conosco. O Deus que está disposto a estar com cada um de nós. Russos, alemães, budistas, mórmons, caminhoneiros, motoristas de táxi e bibliotecários. Deus conosco.

Deus com cada um de nós, não apenas com alguns de nós. Explique por que isso é uma boa notícia.

O DRAMA DA REDENÇÃO

Por meio de um único sacrifício, ele aperfeiçoou para sempre os que estão sendo santificados.

HEBREUS 10:14

Nós teríamos escrito esse momento de outra maneira. Pergunte como um Deus deveria redimir o seu mundo, e nós lhe mostraremos! Cavalos brancos, espadas reluzentes. O mal atacando como pode. Deus em seu trono.

Mas Deus numa cruz?

Um Deus de lábios rachados, olhos inchados e rosto ensanguentado numa cruz?

Uma esponja pressionada contra o rosto?

Uma lança enterrada em seu lado?

Dados lançados aos seus pés?

Não, jamais teríamos escrito o drama da redenção dessa forma. Seja como for, isso não nos foi pedido. Os atores e roteiristas foram escolhidos pelo céu e ordenados por Deus. Não nos foi solicitado o enredo para aquela hora.

Mas nos foi solicitado que correspondêssemos de maneira positiva a esse drama.

Como você corresponde ao plano divino da salvação?

Coragem!

O Senhor conduza o coração de vocês ao amor de Deus e à perseverança de Cristo.
2 Tessalonicenses 3:5

A maioria nem sempre está certa. Se a maioria tivesse vencido, os filhos de Israel jamais teriam deixado o Egito. Eles teriam votado por permanecer na escravidão. Se a maioria tivesse vencido, Davi jamais teria lutado contra Golias. Seus irmãos teriam votado para que ele ficasse cuidando das ovelhas. Onde quero chegar? Você deve ouvir o seu coração.

Deus diz que você está perto de se tornar um discípulo quando você consegue manter a cabeça fria e o coração puro.

Você costuma se perguntar se tudo dará certo desde que faça tudo certo? Você costuma fazer o que é correto, e nada parece acontecer como você planejou? Coragem! Quando alguém faz o que é certo, Deus se lembra disso.

Não é sempre difícil para você ouvir o seu coração quando a maioria discorda? Escreva o que você fará para aprender a ouvir o próprio coração.

Siga o seu coração

Ela foi e contou aos que com ele tinham estado; eles estavam lamentando e chorando.

Marcos 16:10

As lágrimas representam o coração, o espírito e a alma da pessoa. Trancar à chave as suas emoções é sufocar parte de sua semelhança com Cristo!

Especialmente quando você vai ao Calvário.

Você não pode ir à cruz apenas com a cabeça, sem o coração. Não funciona assim. O calvário não é uma viagem da mente. Não é um exercício intelectual. Não é um cálculo divino ou uma fria declaração teológica.

É uma hora emocionante, que mexe com o coração.

Não vá embora dali com os olhos secos e o coração vazio. Não se limite a ajeitar a gravata e limpar a garganta. Não se permita descer do Calvário sossegadamente.

Por favor, pare! Olhe outra vez.

São pregos naquelas mãos. É Deus na cruz. E fomos nós que o colocamos ali.

Por que você precisa ir ao Calvário com a mente e com o coração?

Quando o amor é verdadeiro

Alegrem-se com os que se alegram; chorem com os que choram.
Romanos 12:15

No verão anterior ao meu oitavo ano de escola, fiz amizade com um rapaz chamado Larry. Ele era novo na cidade, por isso incentivei-o a entrar para o nosso time de futebol.

O resultado foi aquele lance de boa notícia e má notícia. A boa notícia? Ele se deu muito bem. A má notícia? Ele ganhou a minha posição. Tentei ficar feliz por ele, mas foi difícil.

No meio da temporada, Larry caiu de sua moto e quebrou um dedo. Lembro-me do dia em que ele apareceu à minha porta mostrando a mão enfaixada. "Parece que você vai ter de jogar."

Tentei ficar triste por ele, mas foi difícil. Acho que Paulo teve menos dificuldades para escrever estas palavras do que eu para pô-las em prática: "Alegrem-se com os que se alegram; chorem com os que choram."

Quer medir a profundidade de seu amor por alguém? Como você se sente quando essa pessoa é bem-sucedida?

Você tem facilidade para se alegrar com os que se alegram e chorar com os que choram? Por quê?

AJUDA NA HORA CERTA

Aproximemo-nos do trono da graça com toda a confiança, a fim de recebermos misericórdia e encontrarmos graça que nos ajude no momento da necessidade.
HEBREUS 4:16

A ajuda de Deus é sempre no momento certo. Ele nos ajuda da mesma forma que um pai distribui os bilhetes de passagem para a família. Quando viajo com as minhas filhas, levo todas as nossas passagens em minha bagagem de mão. Quando chega a hora de embarcar, coloco-me entre a comissária e as crianças. Elas vão passando, e coloco a passagem na mão de cada uma. Então cada uma delas, por sua vez, entrega a passagem à comissária. Elas recebem a passagem no "momento da necessidade".

O que eu faço pelas minhas filhas, Deus faz por você. Ele se coloca entre você e a necessidade. E, no momento certo, entrega a passagem a você. Não foi essa a promessa que ele fez aos discípulos? "Sempre que forem presos e levados a julgamento, não fiquem preocupados com o que vão dizer. Digam tão somente *o que lhes for dado naquela hora*, pois não serão vocês que estarão falando, mas o Espírito Santo" (Marcos 13:11, grifo do autor).

Deus nos guia. Ele fará a coisa certa na hora certa.

Como será a nossa vida se acreditarmos que Deus fará a coisa certa na hora certa?

Você duvida?

Aquele que duvida é semelhante à onda do mar, levada e agitada pelo vento.

Tiago 1:6

Dúvida. Ela é uma vizinha enxerida. Uma visita indesejada. Uma convidada irritante.

Ela incomodará você. Irritará você. Criticará o seu julgamento. O objetivo dela não é convencer, mas confundir. Ela não apresenta soluções, apenas questiona.

Tem recebido visitas dela ultimamente? Se você estiver indo à igreja para ser salvo, não porque é salvo, então tem dado ouvidos a ela. Se você se pegar duvidando de que Deus possa perdoá-lo outra vez, significa que lhe venderam óleo de cobra. Se você é mais cínico a respeito dos cristãos do que sincero a respeito de Cristo, então adivinhe quem veio para jantar!

Sugiro que você ponha uma tranca em seu portão. Pendure na porta uma placa com a frase: "Não entre."

Cite uma ocasião em que você deixou a dúvida entrar em sua mente. Quais foram as consequências?

Deus se tornou um de nós

Eu vim para que tenham vida, e a tenham plenamente.
João 10:10

Por milhares de anos, Deus nos deu a sua voz. Antes de Belém, deu-nos os seus mensageiros, os seus ensinadores, as suas palavras. Mas na manjedoura Deus nos deu a si mesmo.

Muitos têm dificuldade com tal ensino. O islã vê Deus como alguém que envia outros. Ele envia anjos, profetas, livros, porém é santo demais para estar pessoalmente entre nós. O fato de Deus tocar a terra significa para eles um ato de desleixo. Pensam que quem afirma que Deus tocou a terra faz pouco caso da santidade de Deus, o desrespeita e blasfema contra ele.

O cristianismo, ao contrário, celebra a maravilhosa descida de Deus à terra. A natureza dele não o prende ao céu, mas o conduz à terra. No grandioso evangelho de Deus, ele não só envia, mas se torna um de nós. Não só olha para baixo, mas vive no nosso meio. Não só fala conosco, mas fixa residência entre nós, como um de nós.

O cristianismo celebra a descida de Deus à terra. Explique por que essa ideia contrasta com o pensamento de outras religiões.

A ASSEMBLEIA DO FIM DOS TEMPOS

Vigiem, porque vocês não sabem em que dia virá o seu Senhor.

MATEUS 24:42

Toda pessoa que já viveu estará presente na grande assembleia do fim dos tempos. Todo coração que já bateu. Toda boca que já falou. Naquele dia, você estará cercado por um mar de gente. Ricos e pobres. Famosos e desconhecidos. Reis e mendigos. Gênios e deficientes mentais. Todos estarão ali. E todos estarão olhando para uma única direção. Todos olharão para ele. Cada ser humano.

O Filho do Homem virá "em sua glória" (Mateus 25:31).

Você não olhará para mais ninguém. Nada de olhar para os lados a fim de ver o que os outros estão usando. Nada de cochichos sobre joias ou comentários sobre quem compareceu. Nessa assembleia, a maior da história, você só terá olhos para uma pessoa — o Filho do homem. Envolto em esplendor. Radiante. Esbanjando luz e magnetismo.

Descreva a beleza radiante de Cristo, que todos irão contemplar.

A melhor maneira de encarar a vida

Ensina-nos a contar os nossos dias para que o nosso coração alcance sabedoria.

Salmos 90:12

Numa vida marcada por consultas médicas, idas ao dentista e agenda escolar, há um compromisso a que nenhum de nós faltará: o encontro com a morte. "O homem está destinado a morrer uma só vez e depois disso enfrentar o juízo" (Hebreus 9:27). Oh, como gostaríamos de mudar esse versículo! Uma ligeira alteração seria o bastante. "Quase todos os homens estão destinados a morrer..." Ou: "Todos os homens, menos eu, estão destinados a morrer..." Ou: "Todos os que não se alimentam direito ou deixam de tomar as suas vitaminas estão destinados a morrer..." Mas não é o que Deus diz. No plano dele, todos devem morrer, mesmo quem se alimenta direito e toma as suas vitaminas.

Os exercícios podem nos comprar mais alguns batimentos cardíacos. Os remédios podem nos conceder um pouco mais de fôlego. Mas no fim há um fim. E a melhor maneira de encarar a vida é ser honesto em relação à morte.

A melhor maneira de encarar a vida é ser honesto em relação à morte. O que essa frase significa para você?

Por que ele fez isso?

[Jesus] esvaziou-se a si mesmo, vindo a ser servo, tornando-se semelhante aos homens.

Filipenses 2:7

Viajar no feriado. Não é fácil. Então por que fazemos isso? Por que abarrotar o porta-malas e encarar os aeroportos? Você sabe a resposta. Gostamos de estar com aqueles a quem amamos.

A criança de 4 anos correndo pela calçada para os braços do vovô.

A xícara de café com a mãe antes que o resto da casa desperte.

Aquele momento em que todos estão em silêncio, quando nos damos as mãos em torno da mesa e agradecemos a Deus pela família, pelos amigos e pela torta de abóbora.

Adoramos estar com aqueles a quem amamos.

Posso lembrá-lo de uma coisa? Deus também gosta de fazer isso. Ele adora estar com aqueles a quem ama. Não fosse assim, como você explica o que ele fez? Entre ele e nós havia uma distância — uma enorme distância. E ele não aguentou mais. Não podia deixar assim. Então resolveu fazer algo a respeito.

Ele "esvaziou-se a si mesmo, vindo a ser servo, tornando-se semelhante aos homens".

O que Deus fez para estar com aqueles a quem ele ama?

Um vaso útil

Quem quiser salvar a sua vida, a perderá, mas quem perder a sua vida por minha causa, a encontrará.
MATEUS 16:25

Quando você está cheio de si, Deus não pode encher você.

Mas quando você se esvazia, ele tem um vaso útil. A Bíblia contém vários exemplos de pessoas que se esvaziaram.

Em seu evangelho, Mateus menciona o próprio nome apenas duas vezes. Em ambas as ocasiões, identifica-se como coletor de impostos. Em sua lista de apóstolos, atribui a si o oitavo lugar.

João nem mesmo menciona o próprio nome no quarto evangelho. As vinte menções a "João" referem-se ao Batista. João, o apóstolo, simplesmente chama a si mesmo de "outro discípulo" ou o "discípulo a quem Jesus amava".

Lucas escreveu dois dos livros mais importantes da Bíblia, mas não menciona o próprio nome uma vez sequer.

Por que é tão difícil esvaziarmos a nós mesmos? E por que é necessário fazer isso para que Deus nos use?

Pedindo misericórdia

[Deus] é paciente com vocês, não querendo que ninguém pereça, mas que todos cheguem ao arrependimento.

2Pedro 3:9

Que dizer dos que morrem na incredulidade? Meu marido nunca orou. Meu avô nunca adorou. Minha mãe nunca abriu uma Bíblia, muito menos o coração. E quanto àquele que nunca creu?

Como sabemos que ele não creu?

Quem pode saber os últimos pensamentos de alguém? Quem dentre nós sabe o que vem à luz naqueles instantes finais? Você tem certeza de que nenhuma oração foi oferecida? A eternidade é capaz de dobrar os joelhos mais endurecidos de orgulho. Pode alguém olhar o grande desfiladeiro da morte sem sussurrar um pedido de misericórdia? E poderia o nosso Deus, que ama os humildes, resistir a isso?

Ele nunca se negou a salvar, nem mesmo no Calvário. O criminoso na cruz ao lado do Senhor fez a sua primeira e última confissão. Mas Cristo a ouviu. Ele a aceitou. Talvez você nunca tenha ouvido os seus entes queridos confessarem a Cristo, mas quem pode garantir que não clamaram a ele em seus momentos finais?

Que conforto traz a você saber que Deus ouve até mesmo o mais débil pedido de misericórdia?

Ele não desistiu

Veio para o que era seu, mas os seus não o receberam.

João 1:11

Lee Ielpi é um bombeiro aposentado da cidade de Nova York. Ele deu 26 anos de sua vida à cidade. Mas no dia 11 de setembro de 2001 a sua contribuição foi bem maior. Ele deu o próprio filho. Jonathan Ielpi também era bombeiro. Quando as Torres Gêmeas ruíram, ele estava lá.

Os bombeiros são um grupo muito unido. Quando um deles morre no cumprimento do dever, o corpo é deixado no local até que um bombeiro que o conheça pessoalmente venha resgatá-lo. Lee fez da tarefa de encontrar o corpo do filho a sua missão pessoal. Dia após dia, ele e dezenas de colegas escavaram aquele cemitério de dezesseis acres. Numa terça-feira, 11 de dezembro, três meses após o desastre, o filho dele foi encontrado. E Lee estava lá para levar o corpo.

Aquele pai não desistiu. Por quê? Porque o seu amor pelo seu filho era maior que a dor da busca. E não podemos dizer o mesmo a respeito de Cristo? Por que ele não desistiu? Porque o amor que tem pelos seus filhos era maior que a dor da jornada.

Escreva um salmo de louvor a Cristo
pelo seu maravilhoso amor.

Mergulhe no amor de Deus

A quem tenho nos céus senão a ti? E na terra,
nada mais desejo além de estar junto a ti.
Salmos 73:25

Meu amigo Keith levou a esposa, Sarah, a Cozumel, no México, a fim comemorar o seu aniversário de casamento. Sarah adora mergulhar. Dê a ela pés de pato, uma máscara e um tubo de oxigênio e observe-a descer até o fundo. Lá embaixo ela nada enquanto sonda os mistérios das profundezas.

A ideia de Keith sobre mergulho inclui pés de pato, máscara e tubo de oxigênio, mas também uma prancha. A superfície já o satisfaz.

Mas Sarah o convenceu a mergulhar. Há uns dez metros da praia, ela gritou para que ele nadasse até onde ela está. Ele a atendeu, e os dois mergulharam num ponto em que ela mostrou uma cruz submersa de seis metros de altura. "Se o meu fôlego fosse outro", ele confessou depois, "não teria aquela visão."

Jesus acena para que você desça e veja a mesma coisa. Esqueça os vislumbres da superfície. Chega de queimaduras nas costas. Vá para o fundo. Tome fôlego e mergulhe profundamente no amor de Jesus, a ponto de não ver mais nada.

Faça uma lista de palavras que descrevam
as profundezas do amor de Deus.

Dizendo "sim" para o propósito de Deus

É necessário que eu pregue as boas-novas do Reino de Deus [...] porque para isso fui enviado.
Lucas 4:43

Após a pausa de quarenta dias que Cristo fez no deserto, o povo de Cafarnaum tentou impedir que ele os deixasse, mas ele argumentou: "É necessário que eu pregue as boas-novas do Reino de Deus noutras cidades também, porque para isso fui enviado."

Ele resistiu à ressaca do povo ancorando-se à rocha de seu propósito: empregar a sua singularidade para realizar uma obra importante para o Pai, onde quer que fosse.

Você não está feliz por ele ter tomado essa decisão? Suponha que ele desse ouvidos à multidão e se estabelecesse em Cafarnaum depois de raciocinar: "Pensei que o meu alvo fosse o mundo todo e que a cruz fosse o meu destino. Mas a cidade inteira me pede para ficar. Será que toda essa gente está errada?"

Sim, eles estavam errados! Desafiando a multidão, Jesus disse "não" para as coisas boas, a fim de que pudesse dizer "sim" para a coisa certa: o seu incomparável chamado.

Você já disse "não" diante de uma boa proposta, a fim de que o propósito de Deus para a sua vida fosse cumprido?

Uma fonte de amor

Nisto consiste o amor [...] em que ele nos amou e enviou seu Filho como propiciação pelos nossos pecados..

1João 4:10

Você já teve o bastante do amor humano, não é? Muitos rapazes a cortejá-la com a sinceridade de um imitador de Elvis. Comerciais dizendo que o verdadeiro amor está ultrapassado. Já viveu expectativas exageradas por parte de chefes, pais e pastores. Já aspirou demais o cheiro de seus erros nas manhãs, depois de ter buscado o amor na noite anterior.

Será que você não precisa de uma fonte de amor que nunca seque? Pois encontrará uma num monte rochoso fora dos muros de Jerusalém, onde um Jesus pendurado, usando uma coroa de espinhos, foi crucificado. Quando sentir que ninguém o ama, suba esse monte. Medite sobre o amor do céu por você. Os olhos fechados pelo inchaço, os ombros em carne viva, os lábios rachados e sangrando. Pedaços da barba arrancados do rosto. A respiração ofegante que sai dos pulmões. Depois de observar atentamente o rosto ensanguentado do Filho unigênito do céu, lembre-se disto: "Deus demonstra seu amor por nós: Cristo morreu em nosso favor quando ainda éramos pecadores" (Romanos 5:8).

Cite algumas diferenças entre o amor de Deus e o amor humano.

Dezembro

Cantem louvores ao Senhor, que reina em Sião;
proclamem entre as nações os seus feitos.
Salmos 9:11

Natal todos os dias

Cantem louvores ao Senhor [...] proclamem entre as nações os seus feitos.

Salmos 9:11

Você tem Natal todos os dias. Seus presentes não são brinquedos ou livros, mas o próprio Deus!

Sua obra: na cruz e na ressurreição. Como resultado, o seu pecado já não traz culpa, e a sepultura não causa medo.

Sua energia: não compete a você. Você pode todas as coisas em Cristo, que lhe fortalece.

Sua soberania: ele é responsável por você e cuida de você.

Seu amor: o que pode separar você dele?

Quem poderia imaginar presentes assim? Quem não os abriria?

Faça uma lista das maneiras em que você tem sido ajudado pelos presentes da energia, da soberania e do amor de Deus.

Um buquê de bênçãos

Ele se regozijará em você; com o seu amor a renovará,
ele se regozijará em você com brados de alegria.
Sofonias 3:17

Digamos que você mora num apartamento bem acima do térreo. No peitoril da janela de seu quarto, há uma margarida solitária. Nesta manhã, você apanha a margarida e a coloca na lapela.

Mas tão logo você sai pela porta, as pessoas começam a arrancar as pétalas de sua margarida. Alguém toma o seu assento no metrô. Uma pétala arrancada. Você leva a culpa pelo relatório ruim de um colega de trabalho. Mais pétalas. No final do dia, você está reduzido a uma pétala. Apenas uma pétala separa você de uma explosão.

Vamos mudar ligeiramente o cenário? Adicionemos uma personagem. O homem do apartamento ao lado tem uma loja de flores na esquina. Toda noite, ao voltar para casa, ele passa em seu apartamento e lhe deixa um buquê. Por causa dele, o seu lar tem um aroma doce, e os seus passos têm uma alegre vivacidade. Se alguém mexer com a sua flor, você ainda tem uma cesta cheia delas!

Deus entrega um buque à sua porta todos os dias. Abra a porta! Pegue o buquê! Assim, quando a rejeição vier, você não ficará sem pétalas.

Cite algumas bênçãos que Deus tem
incluído no buquê de sua vida.

Água para a alma

Se alguém tem sede, venha a mim e beba.

João 7:37

Você é *alguém*? Se for, então venha para perto do poço. Você está qualificado para receber a água dele.

Todas as idades são bem-vindas. Ambos os sexos são convidados. Nenhuma raça é excluída. Patifes. Malandros. Vigaristas e simplórios. Todos são bem-vindos. Você não tem de ser rico, religioso ou bem-sucedido para beber. Basta seguir as instruções sobre o que — ou melhor, quem — beber. Beba Jesus. Para que Jesus faça o que a água faz, você deve deixar que ele penetre o seu coração. Bem lá no fundo.

Internalize-o. Ingira-o. Receba-o nos processos internos de sua vida. Deixe que Cristo seja a água de sua alma.

O que você pode fazer para tornar Cristo a fonte de sua alma?

Deus é eterno

Como Deus é grande! Ultrapassa o nosso entendimento!
Não há como calcular os anos da sua existência.

Jó 36:26

As Escrituras dizem que o número dos anos de Deus é inescrutável. Pode-se calcular o momento em que a primeira onda bateu numa praia ou quando a primeira estrela surgiu no céu, porém jamais descobriremos o primeiro momento em que Deus foi Deus, porque não existe um momento em que ele não tenha sido Deus. Ele jamais *foi*, porque é eterno. Deus não é limitado pelo tempo.

Mas quando Jesus veio para a terra, tudo isso mudou. Ele ouviu pela primeira vez uma frase jamais dita no céu: "Seu tempo acabou." Quando criança, ele teve de deixar o Templo porque o seu tempo havia acabado. Quando adulto, teve de deixar Nazaré porque o seu tempo havia acabado. E, na condição de Salvador, teve de morrer porque o seu tempo havia acabado. Durante 33 anos, o puro-sangue do céu viveu no curral do tempo.

Pense no sacrifício que Jesus fez para conviver com as restrições do tempo. Como você tem correspondido a esse imenso sacrifício de amor por você?

Glorifique o Criador

Se alguém serve, faça-o com a força que Deus provê, de forma que em todas as coisas Deus seja glorificado.

1Pedro 4:11

Deus nos capacita com dons para que o tornemos conhecido. Ponto final. Deus equipa o atleta olímpico com velocidade, o vendedor com entendimento, o cirurgião com habilidade. Por quê? Por medalhas de ouro, vendas de roupas ou corpos saudáveis? Em parte.

A maior retribuição é fazer um grande alarde a respeito de Deus. Floreie-o. Proclame-o. "Sejam bons administradores dos diferentes dons que receberam de Deus. Que cada um use o seu próprio dom para o bem dos outros [...] para que em tudo Deus seja louvado" (1Pedro 4:10-11, NTLH).

Viva de modo "que em todas as coisas Deus seja glorificado mediante Jesus Cristo, a quem sejam a glória e o poder para todo o sempre" (1Pedro 4:11). Sim! Exiba a Deus com a singularidade que existe em você. Quando você glorifica o Criador com as suas qualidades especiais e quando a sua contribuição aumenta a reputação de Deus, os seus dias de repente se tornam doces.

Você está exibindo Deus com a sua singularidade? Por quê? Como você gostaria de usar os seus dons para ele?

O PLANO MESTRE

Foi da vontade do SENHOR *esmagá-lo.*

ISAÍAS 53:10

A cruz não foi um acidente.

A morte de Jesus não foi o resultado de uma trama cosmológica escrita às pressas. A cruz não foi uma trágica surpresa. O Calvário não foi uma ação de reflexo a um mundo que se precipitava para a destruição. Não foi uma medida improvisada nem provisória. A morte do Filho de Deus foi tudo, menos um imprevisto.

Não. Ela fazia parte do plano. Foi uma escolha calculada. "Foi da vontade do Senhor esmagá-lo." A cruz foi desenhada no projeto original. Ela fazia parte do *script*. No momento em que o fruto proibido tocou os lábios de Eva, a sombra de uma cruz apareceu no horizonte. E entre aquele momento e o instante em que o homem com um martelo golpeou o cravo contra o pulso de Deus, o plano mestre foi cumprido.

Você conhece alguém que pensa que o Calvário foi uma trágica surpresa para Deus? Como você explicaria a ele que era tudo parte do plano divino?

Trazendo Cristo ao mundo

Eu me esforço, lutando conforme a sua força,
que atua poderosamente em mim.
Colossenses 1:29

O nascimento virginal é muito mais que uma história cristã. É um retrato de quanto Cristo se aproximou de você. A primeira parada em seu itinerário foi um ventre. Até que ponto Deus chegaria para tocar o mundo? Olhe para o interior de Maria a fim de saber a resposta.

Melhor ainda, olhe bem para dentro de você mesmo. O que ele fez com Maria também oferece a nós! Ele faz a todos os seus filhos uma proposta semelhante à que fez a Maria. "Se você permitir, eu me mudarei para dentro de você!"

Qual o mistério do evangelho? "Cristo em vocês, a esperança da glória" (Colossenses 1:27).

Cristo cresceu em Maria até o momento que teve de sair. Cristo crescerá em você até que o mesmo ocorra. Sairá em sua fala, em suas ações, em suas decisões. Todo lugar em que você viver será uma Belém, e cada dia que viver será Natal. Você, à semelhança de Maria, trará Cristo ao mundo.

Você consegue imaginar de que maneira Cristo
deseja usar você para tocar o mundo?

Diminua o ritmo e descanse

Trabalharás seis dias e neles farás todos os teus trabalhos, mas o sétimo dia é o sábado dedicado ao SENHOR, o teu Deus. Nesse dia não farás trabalho algum, nem tu, nem teus filhos ou filhas.
ÊXODO 20:9-10

Deus nos conhece muito bem. Ele pode ver o dono de uma loja lendo esses versículos e pensando: "Alguém precisa trabalhar nesse dia. Se eu não puder, será o meu filho." Mas Deus diz que o seu filho também não pode. "A minha filha, então". Nem a sua filha. "Desse jeito, vou ter de mandar minha vaca administrar a loja, ou talvez encontre um estranho para me ajudar." Não, Deus diz. Um dia por semana, você dirá "não" ao trabalho e "sim" à adoração. Diminuirá o ritmo, se sentará, se deitará e descansará.

Ainda assim, nos opomos a isso. "E as minhas notas?" "Tenho uma meta de vendas." Apresentamos um motivo atrás do outro, mas Deus silencia todos eles com esta pungente lembrança: "Em seis dias o SENHOR fez os céus e a terra, o mar e tudo o que neles existe, mas no sétimo dia descansou." A mensagem de Deus é clara: "Se a criação não foi destruída quando eu descansei, não será quando você descansar."

Repita estas palavras: "Não é tarefa minha dirigir o mundo."

Por que tendemos a pensar que é o nosso trabalho que movimenta o mundo?

A PERSPECTIVA CORRETA

Nada façam por ambição egoísta ou por vaidade, mas humildemente considerem os outros superiores a si mesmos.

FILIPENSES 2:3

À primeira vista, o padrão desse versículo parece impossível de alcançar. Nada? Não devemos fazer nada para nós mesmos? Nenhum vestido ou terno novo? E quanto a ir para a escola ou poupar dinheiro: não seriam egoístas todas essas coisas?

Seriam, se não entendêssemos o que Paulo de fato está dizendo. A palavra que o apóstolo usa para "ambição egoísta" vem de uma raiz formada pelas palavras "luta" e "contencioso". Sugere a preocupação em prejudicar os outros. Uma arrogância que promove a divisão. Na verdade, os escritores do primeiro século usavam essa palavra para descrever o político que conseguia um cargo por meio de manipulação ilegal ou da meretriz que seduzia um cliente e assim aviltava tanto a ela mesma quanto a ele.

Cuidar dos interesses pessoais é a administração própria da vida. Fazer isso excluindo o resto do mundo é egoísmo.

Cite algumas diferenças entre cuidar dos interesses pessoais e preocupar-se em prejudicar os outros.

Coisa de amigo

O amigo ama em todos os momentos.
Provérbios 17:17

Já percebeu que, para João, Jesus era acima de tudo um companheiro leal? Messias? Sim. Filho de Deus? Sem dúvida. Operador de milagres? Isso também. Mais que qualquer outra coisa, porém, Jesus era um amigo. Alguém com quem você poderia acampar ou jogar boliche ou com quem poderia contar as estrelas.

O que você faz com um amigo? (Bem, isso também é muito simples.) Você passa bastante tempo na companhia dele.

Talvez por isso João seja o único dos Doze a estar junto à cruz. Ele foi dizer adeus. Ainda não havia juntado as peças, não entendera o plano todo. Mas na verdade isso não importava. No que lhe dizia respeito, o seu melhor amigo estava em dificuldades, e ele foi ajudar.

"Você pode tomar conta da minha mãe?"

Claro. É para isso que servem os amigos.

João foi o amigo a quem Jesus confiou o cuidado de sua mãe. O que você poderia fazer para ser aquele amigo em quem os outros possam confiar na hora da necessidade?

Os caminhos de Deus são perfeitos

Quando você atravessar as águas, eu estarei com você; quando você atravessar os rios, eles não o encobrirão.
Isaías 43:2

Deus sabe o que é melhor. Nenhuma luta levará você para fora de seu propósito ou de sua presença ou ocorre sem que ele permita. Como isso é animador! Você nunca é vítima da natureza ou prisioneiro do destino. O acaso está eliminado. Você é mais que um cata-vento movido pelos ventos da sorte. Acha mesmo que Deus o abandonaria aos caprichos de assaltantes enlouquecidos pelas drogas, de executivos gananciosos ou de líderes mal intencionados? Nem pensar!

Vivemos sob a palma protetora de um Rei soberano que supervisiona cada circunstância de nossa vida e tem prazer em nos fazer o bem.

Nada surge em nosso caminho sem antes passar pelo filtro do amor de Deus.

Nada surge em sua vida sem antes passar pelo filtro do amor de Deus. Como você se sente ao ouvir isso? Como isso o ajuda a enfrentar as dificuldades da vida?

Profecias cumpridas

Aqueles que buscam o Senhor o louvarão!
Salmos 22:26

O cumprimento das Escrituras é um tema recorrente na paixão de Cristo.

Por que, mesmo em seus momentos finais, Jesus estava determinado a cumprir as profecias? Ele sabia que duvidaríamos. Ele sabia que iríamos questionar. E, como não queria que a nossa cabeça obstruísse a passagem de seu amor até o nosso coração, em seus momentos finais ofereceu as provas de que ele era o Messias. Jesus cumpriu sistematicamente profecias de muitos séculos.

Você sabia que em sua vida Cristo cumpriu 332 profecias específicas do Antigo Testamento? Quais as probabilidades matemáticas de todas elas se cumprirem na vida de um único homem?

$$\frac{1}{840.000.000.000.000.000.000.000.000.000.000.000.000.000.000.000.000.000.000.000.000.000.000.000.000.000.000.000.000.000.000.000.000.000}$$

(São 97 zeros!) Impressionante!

Como o cumprimento de tantas profecias na vida de Cristo poderia ser um incentivo para nós?

Um poço de otimismo

A não ser que vocês se convertam e se tornem como crianças, jamais entrarão no Reino dos céus.
MATEUS 18:3

A hora de dormir é sempre ruim para as crianças. Nenhuma criança entende que sentido faz ir para a cama enquanto há energia sobrando no corpo ou horas sobrando no dia.

Minhas filhas não são exceções. Alguns anos atrás, depois de muitas objeções e incontáveis resmungos, elas estavam finalmente de pijama, na cama e em seus travesseiros. Entrei no quarto para lhes dar um beijo de boa-noite. Andrea, de 5 anos, ainda estava acordada, não totalmente, mas ainda acordada. Depois que a beijei, ela levantou as pálpebras uma última vez e disse: "Mal posso esperar para acordar!"

Que atitude de uma menina de 5 anos! Que paixão simples e objetiva por viver, que mal pode esperar o amanhã. Uma filosofia de vida na qual se lê: "Brinque bastante, ria bastante e deixe as preocupações para o seu pai." Um poço sem fundo de otimismo alimentado por uma fonte perene de fé. É de admirar, então, que Jesus tenha declarado que, para entrarmos no Reino dos céus, o nosso coração tem de ser igual ao das crianças?

Por que ser otimista é como ter um coração de criança?

Encarando os fatos

Como são preciosos para mim os teus pensamentos, ó Deus! Como é grande a soma deles!

Salmos 139:17

Envelhecer é uma condição universal. Mas, a julgar pelo esforço que fazemos para esconder o envelhecimento, alguém poderia pensar que é uma praga!

Cintas diminuem a largura das pessoas de meia-idade, de ambos os sexos. Há transplantes de cabelo, perucas e apliques de cabelo. Dentaduras trazem juventude à boca, cremes antirrugas trazem juventude ao rosto e tinturas rejuvenescem o cabelo.

Tudo para esconder o que todos já sabem — estamos ficando velhos.

Justamente quando a realidade da vida chega ao fundo, a verdade de Deus começa a vir à tona. Ele nos toma pela mão e nos desafia a não varrer os fatos para baixo do tapete, mas a confrontá-los com ele ao nosso lado.

Envelhecer? Um processo necessário para ingressar num mundo novo.

A morte? Apenas uma passagem ligeira, um túnel.

O nosso ser? Planejado e criado para um propósito, adquirido pelo próprio Deus.

E então, foi tão ruim assim?

Que atitudes de nossa cultura vão de encontro aos propósitos de Deus?

DEUS ENVIOU A SI MESMO

Aquele que é a Palavra tornou-se carne e viveu entre nós.

JOÃO 1:14

Não gostamos da palavra "com"? Afirmamos: "Vou *com* você à loja. Ao hospital. A vida toda." Deus diz isso. "Estarei sempre *com* vocês", Jesus declarou antes de subir ao céu, "até o fim dos tempos" (Mateus 28:20, grifo do autor). Procure restrições nessa promessa: você não encontrará. "Estarei com você, se você comportar. Quando você crer. Estarei com você nos cultos de domingo, mas não nos momentos de perturbação". Não, nada disso. Não há tributos retidos na fonte no "com" da promessa de Deus. Ele está conosco.

Deus está conosco.

Profetas não foram suficientes. Apóstolos não serviriam. Anjos não serão o bastante. Deus nos enviou mais que milagres e mensagens. Ele enviou a si mesmo. Enviou o seu Filho. "Aquele que é a Palavra tornou-se carne e viveu entre nós."

Como a fidelidade de Deus se compara a pessoas cuja lealdade pode ser oscilante?

O QUE FAZER COM AS PREOCUPAÇÕES

Aquele que não poupou seu próprio Filho, mas o entregou por todos nós, como não nos dará juntamente com ele, e de graça, todas as coisas?
ROMANOS 8:32

O que fazer com as preocupações? Leve as suas ansiedades à cruz — literalmente. Da próxima vez que ficar preocupado com a sua saúde, a casa, as finanças ou os voos, faça uma viagem mental até o monte. Passe alguns momentos entre os acessórios da paixão de Cristo.

Passe o dedo sobre a ponta da lança. Equilibre um cravo na palma da mão. Leia a placa de madeira escrita em seu idioma. E, depois que fizer isso, toque a terra aveludada e umedecida com o sangue de Deus.

O sangue — ele sangrou por você.

A lança — ele foi ferido por você.

Os pregos — ele sentiu a dor deles por você.

A placa — ele deixou para você.

Ele fez tudo isso por você. Sabendo disso, ciente de tudo que ele fez por você ali, não acha que ele cuidará de você aqui?

De que forma a obra de Cristo na cruz poderá ajudar você a confiar no cuidado amoroso de Deus?

O amor de Deus

Deus é amor.

1João 4:16

A coisa mais surpreendente no amor de Deus? Ele não depende de quem você é. As pessoas podem amá-lo por quem você é, pelas covinhas no rosto quando sorri ou pelo seu charme. Alguns o amam por causa de suas qualidades. Mas com Deus é diferente. Ele o ama porque ele é Deus. Ele o ama porque decidiu amá-lo. Autoexistente, sem princípio e espontâneo, o limite de seu amor depende da decisão dele em concedê-lo. "O Senhor não se afeiçoou a vocês nem os escolheu por serem mais numerosos do que os outros povos, pois vocês eram o menor de todos os povos. Mas foi porque o Senhor os amou" (Deuteronômio 7:7-8).

Você não influencia o amor de Deus. Você não exerce poder algum sobre a arvoricidade de uma árvore, a celestialidade do céu ou a rochilidade de uma rocha. Da mesma forma, não pode afetar o amor de Deus.

Você não pode influenciar o amor de Deus. Embora isso possa soar um tanto desestimulante, por que é de fato um pensamento animador?

Deus usa as pessoas

Como é feliz aquele cujo auxílio é o Deus de Jacó!

Salmos 146:5

Ao chegar à idade de 80 anos, ele parecia um príncipe de "era uma vez" que se tornara um fora da lei. Você escolheria um assassino procurado para libertar um país da escravidão? Confiaria num fugitivo para ser o portador dos Dez Mandamentos? Deus fez isso. E, de todos os homens e lugares que poderia ter escolhido, escolheu um homem que estava no pasto cuidando das ovelhas. Do meio de um arbusto em chamas, chamou-o pelo nome. O velho Moisés tomou o maior susto de sua vida. E, com os joelhos batendo um no outro e uma pergunta — "Quem, eu?!" — estampada no rosto, concordou em voltar para o ringue.

A lição é clara e tranquilizadora. Deus usou (e usa!) pessoas para mudar o mundo. Pessoas! Não santos, homens com superpoderes ou gênios — apenas pessoas. Escroques, marginais, amantes e mentirosos — ele usa todos eles. E o que lhes falta em perfeição Deus compensa em amor.

Deus usa pessoas para mudar o mundo. Não santos, homens com superpoderes ou gênios — apenas pessoas. Por que isso é uma boa notícia para todos nós?

Quando chegar a hora

Não se preocupem com o amanhã, pois o amanhã trará as suas próprias preocupações.
Mateus 6:34

Uma tradução da última frase merece destaque: "quando chegar a hora."

"Não sei o que farei se o meu marido morrer." Você saberá, quando chegar a hora. "Acho que não vou suportar quando os meus filhos saírem de casa." Não será fácil, mas você achará forças quando chegar a hora. "Eu jamais poderia liderar uma igreja. Há muita coisa que desconheço." Talvez você esteja certo. Ou pode estar querendo saber tudo cedo demais. Será que Deus não prefere lhe dar as respostas quando chegar a hora?

Este é o segredo: enfrente os problemas de hoje com a força de hoje. Não comece a atacar os problemas de amanhã antes que o amanhã chegue. Você ainda não tem a força de amanhã. Tem apenas o suficiente para hoje.

Por que estamos sempre tentando resolver os problemas de amanhã com as energias de hoje? Por que isso não funciona?

Feito pelo Mestre

Tu [...] me teceste no ventre de minha mãe.
Salmos 139:13

"Tecer" é como o salmista descreve o processo pelo qual Deus faz o ser humano. Não somos fabricados nem produzidos em massa, mas tecidos. Cada fio da personalidade carinhosamente entrelaçado. Cada cordão do temperamento deliberadamente escolhido.

Deus como criador. Pensativo. Empolgado. Inventivo.

Um artista com o pincel na paleta buscando o tom perfeito.

Um compositor com dedos no teclado ouvindo o acorde exato.

Um poeta com caneta pousada sobre o papel à espera da palavra precisa.

O Criador, o tecelão mestre, tecendo a alma.

Cada um diferente do outro. Nunca dois iguais. Nenhum idêntico.

Descreva Deus deliberada e carinhosamente criando cada pessoa. Que significado isso tem para a sua vida? Como isso afeta a sua atitude diante da singularidade de sua vida?

Talento para compartilhar

A manifestação do Espírito é dada
a cada um para o que for útil.
1Coríntios 12:7 (ARC)

Quando você deposita a sua confiança em Cristo, ele põe o Espírito Santo em você. E o Espírito chega trazendo uma rica variedade de presentes. "A cada um [...] é dada a manifestação do Espírito, visando ao bem comum" (1Coríntios 12:7). Lembre-se: Deus dotou cada ser humano com qualidades especiais. E, quando alguém se torna filho de Deus, o Espírito Santo utiliza essas habilidades para a expansão do Reino de Deus, e elas se tornam dons espirituais. O Espírito Santo pode acrescentar outros dons de acordo com o seu plano. Mas ninguém é privado de dons.

Solitário? Deus está com você.

Esgotado? Ele supre as carências.

Cansado de uma existência monótona? Há uma aventura espiritual à sua espera.

A solução para vida medíocre começa e acaba com Deus.

Existe alguma coisa que você esteja querendo
fazer para Deus? Que passos você poderia dar
para adentrar nessa aventura espiritual?

Uma folha de esperança

Ao entardecer, quando a pomba voltou, trouxe em seu bico uma folha nova de oliveira.
Gênesis 8:11

Uma folha de oliveira. Noé ficaria feliz em ter um pássaro, mas uma folha? Mas essa folha era mais que folhagem: era uma promessa. O pássaro trouxe mais que um fragmento de árvore: trouxe esperança. Pois esperança não é isso? A esperança é uma folha de oliveira — uma evidência de terra seca depois do dilúvio.

Não amamos as folhas de oliveira da vida? "Parece que o câncer está regredindo." "Posso ajudar você com esse problema financeiro." "Passaremos por isso juntos."

E não amamos também as pombas que as trazem? Quando o pai caminha com o filho que sofre com o coração partido, está trazendo para ele uma folha de oliveira. Quando a esposa de muitos anos consola a recém-casada dizendo que conflitos acontecem e que todos os maridos têm mau humor e que essas tempestades passam, você sabe o que ela está fazendo? Está trazendo uma folha de oliveira.

Amamos as folhas de oliveira. E amamos aqueles que as trazem.

Você recebeu ultimamente alguma "folha de oliveira"? Diga como essa experiência animou você.

Amor sem fim

O amor nunca perece.
1Coríntios 13:8

"O amor", Paulo afirma, "nunca perece". Em outra passagem, o verbo que o apóstolo usa aqui descreve a morte de uma flor que cai ao chão, murcha e se deteriora. É uma palavra que transmite o significado de morte e extinção. O amor de Deus, diz o apóstolo, jamais cairá ao chão, nunca murchará nem se deteriorará. Por natureza, é um amor sem fim. Nunca será extinto.

"O amor nunca falha" (ARC).

"O amor jamais acaba" (ARA).

"O amor é eterno" (NTLH).

Os governos passarão, mas o amor de Deus permanecerá. As coroas são temporárias, mas o amor é eterno. O seu dinheiro acabará; o amor de Deus, jamais.

Escreva uma nota de agradecimento a Deus pela dádiva de seu amor eterno.

SEU NOME É JESUS

José [...] recebeu Maria como sua esposa. Mas não teve relações com ela enquanto ela não deu à luz um filho. E ele lhe pôs o nome de Jesus.
MATEUS 1:24-25

José destruiu a própria reputação. Trocou o seu diploma *tsadiq* por uma noiva grávida e um filho ilegítimo. Ele tomou a grande decisão do discipulado: pôs o plano de Deus à frente do seu.

Em vez de fazer um nome para si, ele fez um lar para Cristo. E, por ter feito isso, a recompensa foi grande. "E ele lhe pôs o nome de Jesus."

Ponha em fila os milhões de pessoas que pronunciaram o nome de Jesus, e olhe para a pessoa escolhida para ser o primeiro da fila. José. De todos os santos, pecadores, pródigos e pregadores que pronunciaram aquele nome, José, um operário da construção nascido numa aldeia, foi o primeiro a pronunciá-lo. Ele embalou o pequeno ser enrugado que era príncipe do céu e na presença de anjos e animais sussurrou: "Jesus. Você será chamado Jesus."

José pôs de lado todos os seus projetos de vida e aceitou a tarefa para a qual Deus o chamou. Como isso pode servir de exemplo para nós hoje?

Deus se aproximou

Seu Reino jamais terá fim.
Lucas 1:33

Ela olha a face do bebê. Seu filho. Seu Senhor. Sua Majestade. Nesse ponto da história, o ser humano que melhor entende quem Deus é e o que ele está fazendo é uma adolescente numa estrebaria malcheirosa. Ela não consegue tirar os olhos dele. De algum modo, Maria sabe que está segurando o próprio Deus. Porque é isso que ele é. Ela lembra as palavras do anjo. "Seu Reino jamais terá fim."

Ele se parece com qualquer coisa, menos com um rei. O rostinho é enrugado e vermelho. O choro, embora forte e saudável, ainda é o choro indefeso e estridente de um bebê. E seu bem-estar depende totalmente de Maria.

A Majestade no meio do mundano. A Santidade na imundície do esterco e do suor das ovelhas. A Divindade entrando no mundo sobre o chão de uma estrebaria, através do ventre de uma jovenzinha e na presença de um carpinteiro.

Ela toca a face do Deus-Menino.

Nós também podemos tocar a face do Deus-Menino quando estendemos a nossa compaixão aos outros. Diga como você poderia tocar vidas com o amor cuidadoso de Deus.

Encarando o medo

Pai, se queres, afasta de mim este cálice.
Lucas 22:42

Jesus estava mais que ansioso: estava com medo.

É espantoso que Jesus tenha sentido medo. Mas ele foi generoso em nos contar isso. Tendemos a fazer o oposto. Disfarçamos o nosso medo. Escondemos. Mantemos as mãos suadas nos bolsos, o enjoo e a boca seca em segredo. Isso não aconteceu com Jesus. Não o vemos mascarar o esforço. Mas o ouvimos pedir forças.

"Pai, se queres, afasta de mim este cálice." O primeiro a saber de seu medo foi o Pai. Ele poderia ter se dirigido à sua mãe. Poderia ter confiado nos discípulos. Poderia ter convocado uma reunião de oração. Tudo isso seria apropriado, mas nada disso era a sua prioridade. Ele se dirigiu primeiro ao Pai.

O que Jesus fez com o medo? Tentou escondê-lo? De que forma a sua atitude nos mostra como lidar com o medo?

Livre escolha

Deus não nos destinou para a ira, mas para recebermos a salvação por meio de nosso Senhor Jesus Cristo.

1 TESSALONICENSES 5:9

Não gostamos de falar sobre o inferno, não é? Nos círculos intelectuais, é um tema considerado primitivo e tolo. Porque não é lógico. "Um Deus amoroso não mandaria ninguém para o inferno." Assim, descartamos a ideia.

Mas descartá-la é recusar um ensinamento fundamental de Jesus. A doutrina do inferno não foi desenvolvida por Paulo, Pedro ou João. Foi ensinada pelo próprio Jesus.

E descartá-la significa rejeitar muito mais. É negar a presença de um Deus amoroso e o privilégio da livre escolha. Deixe-me explicar.

Somos livres para amar a Deus ou não. Ele nos convida a amá-lo. Ele nos exorta a amá-lo. Ele veio para que pudéssemos amá-lo. Mas a palavra final é sua e minha. Tirar essa escolha de nós, obrigando-nos a amá-lo, seria menos que amor.

Deus enumera os benefícios, delineia as promessas e explica com clareza as consequências. Então, no final, ele deixa a escolha a nosso critério.

Quais os benefícios de escolher livremente amar a Deus? E quais as consequências de rejeitá-lo?

Uma pequena semente, um pequeno gesto

Ele escolheu o que para o mundo é insignificante.
1Coríntios 1:28

Contra um gigante imenso, um seixo de ribeiro parece ineficaz. Mas Deus o usou para derrubar Golias. Comparadas com os dízimos do rico, as moedas da viúva parecem insignificantes. Mas Jesus as usou para nos inspirar.

Moisés tinha uma vara.

Davi tinha uma funda.

Sansão tinha uma queixada.

Raabe tinha uma corda.

Maria tinha um pouco de unguento.

Dorcas tinha uma agulha.

Todos foram usados por Deus.

E nós, o que temos?

Deus habita a pequena semente, dá força aos pequenos gestos. Não despreze a pequenez de suas ações.

Faça uma lista de pequenas coisas de sua vida que Deus poderia usar para inspirar os outros.

Saudade do céu

A nossa cidadania [...] está nos céus.
Filipenses 3:20

Este lar em que vivemos não durará para sempre. Os aniversários nos lembram disso.

Há pouco tempo, completei 50 anos. Estou mais próximo dos 90 do que estava na infância. Todas aquelas coisas que dizem respeito ao envelhecimento estão se tornando realidade. Tenho tudo que tinha vinte anos atrás, exceto que agora tudo está caindo. Outro dia, tentei arrumar as rugas das minhas meias e descobri que não estava usando nenhuma.

Envelhecer. Não tem graça. Pelo nosso esforço em evitá-lo, até parece que podemos. Pintamos o corpo, preservamos o corpo, protegemos o corpo. Claro, devemos cuidar do corpo. Afinal o nosso corpo é um presente de Deus. Devemos ser responsáveis. Mas também devemos ser realistas. Este corpo deve morrer para que o novo corpo possa viver. "Carne e sangue não podem herdar o Reino de Deus" (1Coríntios 15:50).

Deus deseja que cuidemos de nosso corpo, ao mesmo tempo em que espera que sejamos realistas acerca do envelhecimento. Explique por que quem ama a Deus não tem medo de envelhecer.

O Deus que nos segue

Os homens íntegros viverão na tua presença.

Salmos 140:13

Fazia três dias que Lázaro estava morto num túmulo selado quando ouviu uma voz. Levantou a cabeça, olhou sobre o ombro e viu Jesus de pé. Deus o havia seguido na morte.

Pedro havia negado o seu Senhor e voltara a pescar quando ouviu alguém chamá-lo pelo nome. Olhou sobre o ombro e viu Jesus preparando o café da manhã. Deus o havia seguido, apesar de seu fracasso.

Deus é o Deus que nos segue. Diga-me, você já sentiu Deus seguindo você? Geralmente não percebemos, mas ele o faz.

Por meio da bondade de um estranho. Da majestade de um pôr do sol. Do mistério do romance. Por meio da pergunta de uma criança ou da lealdade de um cônjuge. Já sentiu a presença dele numa palavra bem falada ou num toque oportuno?

Cite uma ocasião em que sentiu a presença de Deus seguindo você. Que impacto essa experiência teve em sua vida?

O Deus das certezas

Sei que a bondade e a fidelidade me acompanharão todos os dias da minha vida, e voltarei à casa do Senhor enquanto eu viver.

Salmos 23:6

Observe a primeira palavra — "sei". Davi não disse: "Talvez a bondade e a fidelidade me acompanhem." Ou: "Possivelmente a bondade e a fidelidade me acompanharão." Ou ainda: "Tenho o palpite de que a bondade e a fidelidade me acompanharão." Davi poderia ter usado uma dessas frases. Mas não usou. Ele cria no Deus das certezas, que faz promessas infalíveis e proporciona um fundamento seguro. Davi teria amado as palavras de um de seus tataranetos, o apóstolo Tiago. Ele descreve Deus como aquele "que não muda como sombras inconstantes" (Tiago 1:17).

Nosso humor pode mudar, mas não o de Deus. Podemos mudar de ideia, mas não Deus. Nossa dedicação pode oscilar, mas a de Deus nunca. Ainda que sejamos infiéis, ele é fiel, porque não pode negar a si mesmo (2Timóteo 2:13). Ele é o Deus das certezas.

Servimos ao Deus das certezas. Por que essa consistência é uma notícia maravilhosa para nós?